13岁前，妈妈要知道的80个心理学法则

杨冰 编著

中国纺织出版社
国家一级出版社
全国百佳图书出版单位

内 容 提 要

在美国，有三分之一的父母知道"罗森塔尔效应"，懂得如何去欣赏和赞美孩子；在日本，有一半的父母看过《狐狸的故事》，知道"狐狸法则"和培养孩子的独立性；在法国，很多父母知道"斯万高利效应"，面对挫折与失败要保持积极乐观的心态。作为中国的父母，我们做了什么呢？

现在，摆在你面前的这本书，运用国际最新流行的理念解读家庭教育，把西方先进的教育思想和中国家庭教育实际状况相结合，用罗森塔尔效应、狐狸法则、母狼法则、刺猬法则、木桶原理、墨非定律等著名教育理论来指导中国的父母们。本书具有较强的实用性和操作性，父母在教育孩子时可以照方行事，对症下药，因人而异，因材施教，从而有效地剔除父母们因为教育孩子而产生的各种困惑，让孩子健康成长。

图书在版编目（CIP）数据

13岁前，妈妈要知道的80个心理学法则 / 杨冰编著. —北京：中国纺织出版社，2017.8（2019.1重印）
ISBN 978-7-5180-3476-5

Ⅰ.①1… Ⅱ.①杨… Ⅲ.①少年儿童—家庭教育—教育心理学 Ⅳ.①G782

中国版本图书馆CIP数据核字（2017）第061550号

策划编辑：江　飞　　　责任印制：王艳丽

中国纺织出版社出版发行
地址：北京市朝阳区百子湾东里A407号楼　邮政编码：100124
销售电话：010—67004422　传真：010—87155801
http://www.c-textilep.com
E-mail: faxing@c-textilep.com
中国纺织出版社天猫旗舰店
官方微博http://weibo.com/2119887771
三河市延风印装有限公司印刷　各地新华书店经销
2017年8月第1版　2019年1月第5次印刷
开本：710×1000　1/16　印张：17
字数：189千字　定价：36.80元

凡购本书，如有缺页、倒页、脱页，由本社图书营销中心调换

家庭,是孩子最重要的教室,是孩子生长的摇篮。孩子,在这里成长;习惯,在这里养成;教育,从这里开始;情感、是非、好坏、善恶和信念,在这里奠定。

父母,是孩子的第一任老师,肩负着抚育培养后代成长的重任。每一个孩子从生下来到长大成人,会遇到各种困惑和疑虑,都需要父母来帮助、引导与解答。

家庭教育,是孩子最重要的人生启蒙,是左右孩子一生的教育。父母的教育方式,一言一行,无不对孩子的成长起着至关重要的作用。正确的教育理念和方法,会引导孩子走向成功之路;错误的教育观念,会使父母留下终生的遗憾。

"每个孩子都可能成为人才。"许多父母都深刻认识到家庭教育的重要性,意识到自己肩负的责任。但是,对于如何教育孩子,并不是特别清楚。

其实,爱孩子,不仅仅是给孩子好吃、好穿、好玩,更要给孩子真爱!而培育孩子是一件艰苦的工作,需要父母们付出百倍的艰辛和努力。缝制一双鞋子,建造一座房屋,驾驶一辆车子,都需要长期的学习实践方可胜任,何况要塑造一颗生气勃勃的健全灵魂呢?因此,天下为人父母者,都需关注教育孩子的艺术。

在国外,很多父母要参加各种教育培训,阅读各种教育类书籍。在美国,有三分之一的父母知道"罗森塔尔效应",懂得如何去欣赏和赞美孩子;在日本,有一半的父母看过《狐狸的故事》,知道了"狐狸法则"和培养孩子的独立性;在法国,很多父母知道"斯万高利效应",面对挫折与失败的正确态度是：保持积极乐观的心态；在以色列，多数父母都知道"木桶原理"，优秀的素质才能成就优秀的人才；作为中国的父母，我们做了什么呢？有的"望子成龙""望女成凤"，有的只知道"棍棒底下出孝子"，有的只知道要求孩子门门功课得满分兼有多种爱好和专长，有的只相信金钱是万能的，对孩子的奖惩一律与物质利益挂钩，有的只知道去干涉孩子的独立与自由，根本不尊重孩子。苏联著名教育家马卡连柯曾说过："最可怕的是用父母的幸福来栽培孩子的幸福。"

有一位美国教育家认为，"中国的父母是天底下最爱孩子的，却是最不懂得如何爱孩子的"。爱自己的孩子是连动物都会的事情，但如何爱自己的孩子却是很多人都不懂的事情。

本书运用国际最新流行的理念解读家庭教育，把西方先进的教育思想和中国家庭教育实际状况相结合，行文深入浅出，内容通俗易懂。

本书运用罗森塔尔效应、狐狸法则、母狼法则、刺猬法则、木桶原理、墨菲定律等著名教育理论来指导中国的父母们，令人有一种别有洞天、耳目一新、茅塞顿开的感觉。

本书具有较强的实用性和操作性，父母在教育孩子时可以照方行事，对症下药，因人而异，从而有效地剔除父母们因为教育孩子而产生的各种困惑。

这些摆在父母们面前的最基本的法则，是流传的金科玉律，是终身受益的教育智慧，是世界上最伟大的教育法则。如果你爱你的孩子，想教育好你的孩子，渴望引导你的孩子走向成才之路，请打开本书，让最优秀的教育不再错过。

孩子的心是一块奇怪的土地，播上思想的种子，就会获得行为的收获；播上行为的种子，就能获得习惯的收获；播上习惯的种子，就能获得品德的收获；播上品德的种子，就能获得命运的收获。

杨 冰
2017年2月

目录 contents

A篇　理想课堂——目标决定人生的层次　001
- A—01　目标法则　002
- A—02　亚瑟尔现象　005
- A—03　跳蚤效应　007
- A—04　巴奴姆效应　010
- A—05　手表定律　013
- A—06　贝尔效应　016
- A—07　隧道视野效应　018
- A—08　临界点效应　020
- A—09　强刺激效应　023

B篇　智力课堂——智力提升生命的智慧　027
- B—01　罗森塔尔效应　028
- B—02　木桶理论　030
- B—03　吉格勒定理　032
- B—04　皮尔斯定理　035
- B—05　天赋递减法则　037
- B—06　吊胃口效应　041
- B—07　瓦拉赫效应　045
- B—08　母狼法则　048

B—09	鸟笼逻辑	051
B—10	二八法则	053

C篇　家庭课堂——环境影响一生的成长············059

C—01	破窗理论	060
C—02	鱼缸法则	063
C—03	餐桌效应	065
C—04	真爱原则	068
C—05	信任原则	073
C—06	尊重原则	076
C—07	理解原则	078
C—08	宽容原则	081
C—09	解放原则	084
C—10	赖莱法则	087
C—11	比马龙效应	089
C—12	多米诺现象	092
C—13	放手原则	096
C—14	榜样原则	098
C—15	黑票作用	102
C—16	鹅卵石的启示	104

D篇　习惯课堂——习惯决定孩子的命运············107

D—01	斯万高利效应	108
D—02	史塔勒公理	111
D—03	哈德飞实验	114

D—04	捐款实验	117
D—05	跨栏定律	119
D—06	瓦伦达心态	122
D—07	投射效应	125
D—08	犬獒效应	128
D—09	墨菲定律	131
D—10	卢维斯定理	135
D—11	凯迪拉克效应	137
D—12	狐狸法则	141
D—13	甘地夫人法则	144
D—14	王永庆法则	149
D—15	蝴蝶效应	152
D—16	路径依赖	157
D—17	回潮效应	162
D—18	横山法则	166
D—19	蓝柏格定理	170
D—20	沸腾效应	173

E篇 时间课堂——时间掌控孩子的人生 177

E—01	帕金森时间定律	178
E—02	伯伦森原则	182
E—03	泰勒效应	185
E—04	飞镖实验	188

F篇 社会课堂——合作锻炼交往的技能 191

F—01	晕轮效应	192

F—02	首因效应	194
F—03	跷跷板互惠原则	197
F—04	史提尔定律	200
F—05	模糊哲学	203
F—06	杠杆原理	205

G篇 方法课堂——父母才是最好的老师……207

G—01	"1+1>2"效应	208
G—02	避雷针效应	213
G—03	登楼梯效应	216
G—04	马太效应	218
G—05	潘多拉效应	220
G—06	异性效应	225
G—07	章鱼心态	228
G—08	德西效应	230
G—09	免疫效应	235
G—10	延迟满足	238
G—11	放飞效应	241
G—12	倒U形假说	243
G—13	霍桑效应	247
G—14	刺猬法则	251
G—15	热炉法则	255

理想课堂
——目标决定人生的层次

A篇

A—01　目标法则

目标决定了成功的高度。有什么样的目标，就有什么样的人生。

目的，永远在技巧和方法前面。一个人如果一开始就不知道自己要去哪里，他就永远到不了他想去的地方。目标是成功的起点，它决定了成功的高度。

美国心理学家马斯洛认为：人生有五个层次的追求：一是最低层次的生理上的需求，如温饱之类；二是对安全的需求，如固定的住处；三是爱人与被爱的需求；四是受到尊重的需求；五是最高层次的则是自我的实现。

西华·莱德是英国知名作家兼战地记者。"二战"期间，他从一架受损的运输飞机上跳伞逃生，落在缅甸与印度边境的一片丛林之中。当地人告诉他，这儿距印度最近的市镇也有225千米。这对于习惯以车代步的西华·莱德来说，几乎是可望而不可即的。为了活命，他只好拖着落地时扭伤的双脚，一瘸一拐地走下去。他唯一的念头是"走完下一千米"。奇迹发生了，历尽千辛万苦的西华·莱德终于回到了印度。

西华·莱德的这段经历公之于世后，在他的家乡肯德郡引起不小的轰动，许多年轻人把西华·莱德的"走完下一千米"作为自己的行动指南。

无独有偶,极其相似的故事发生在数十年后的一位日本人身上。名不见经传的日本马拉松选手,矮个子山田本一分别于1984年日本东京和1986年意大利米兰国际马拉松邀请赛上两次夺冠,令许多人大惑不解。十年后,他在自传中解开了这个谜:每次比赛之前,他都要乘车把比赛路线细细地看一遍,并把沿途较醒目的标志画下来。比如,第一个标志是一栋高楼;第二个标志是一棵大树;第三个……这样一直画到赛程的终点。开始比赛时,他就飞快地向第一个目标冲击,等到达第一个目标后,他又以同样的速度奋力向第二个目标冲去……四十多千米的路程被他分解成一个个小目标,他便轻松地跑完了全程。起初,他把四十多千米外终点上的那面旗帜作为目标,结果他跑了十几千米时就疲惫不堪了。

人们把山田本一的这一目标分解法,命名为"目标效应"。

把大目标分解,让目标具体化,更容易实现目标。小目标是大目标的条件,大目标是小目标的结果,小目标都实现了,大目标也一定会实现。

人生好比马拉松比赛,学会分解目标、将目标具体化的人,将会更容易到达光辉的终点。

黄金启示

1.树立明确的目标,并付诸行动。在孩子正确认识自我的基础上,父母要鼓励孩子树立自己的目标。如果孩子经常谈论他的梦想或者目标,聪明的父母不要嘲笑孩子,而是应该鼓励孩子说出来,同时,引导孩子向着自己的目标去做。目标不仅要分解,而且要具体。有人做过这样的实验:他把人随机分成两组,让他们去跳高。两组个子都差不多,先是一起跳了1.2米,然后把他们分成两组。对一组说:"你们能跳过1.35米。"而对另一组说:"你们能跳得更高。"然后让他们分别去跳。结果,第一组由于有1.35米这样一个具体要求,他们每个人都跳得高。而第二组没有具体的目标,所以他们大多数人只跳1.2米多一点,不是所有的人都跳过了1.35米。由此可

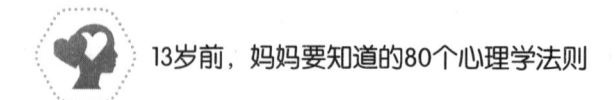

以看出有没有具体目标的差别。"近期目标效应"之所以能够产生如此神奇的效果，就在于它把大目标分解成小目标，把远目标变成近目标，把模糊的目标变成具体的目标，使人产生看得见、追得着的感觉。实际上，目标没有高低贵贱之分，不管孩子的目标是什么，只要父母善于引导都是好目标。

2.为实现目标而努力。需要注意的是，一定要制订与孩子兴趣相一致的目标，才能事半功倍。否则，就会半途而废。例如，一个8岁的孩子会说自己的目标是当个科学家，这时，父母要引导孩子把这个目标写下来，并把它当成行动的计划，去做一些能够实现目标的事情，这样才能把目标变成现实。比如，父母要教育孩子好好学习科学知识，可以让孩子在一年内学习两册科学知识读本。当然，并不一定是要树立当科学家、政治家之类的远大目标才有意义。

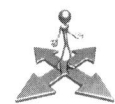

A—02　亚瑟尔现象

最重要的是要让孩子拥有美好的追求，树立对实现既定的人生目标必然能实现的信念。

信念是一个人生存的理由，没有信念的人即使活着也就如同一具行尸走肉。

美国纽约有一位年轻的警察叫亚瑟尔。在一次追捕行动中，他被歹徒用冲锋枪射中左眼和右腿膝盖。3个月后，当他从医院里出来时，完全变了样：一个曾经高大魁梧、双目炯炯有神的英俊小伙子，变成了一个残疾人。

鉴于他的表现，纽约市政府和其他各种组织授予他许多勋章和锦旗。纽约有线电视台记者问他："您以后将如何面对所遭受的厄运呢？"这位警察说："我只知道歹徒现在还没有被抓获，我要亲手抓住他！"

这以后，亚瑟尔不顾任何人的劝阻，参与了抓捕那个歹徒的行动。他的足迹几乎遍布整个美国，甚至有一次为了一个微不足道的线索，独自一个人乘飞机去了欧洲。

9年后的一个凌晨，那个歹徒终于被抓获了，当然，亚瑟尔在其中起了非常关键的作用。在庆功会上，他再次成为英雄，许多媒体称赞他是美国

最坚强、最勇敢的人。

然而令人遗憾的是，不久后亚瑟尔在卧室里割腕自杀了。在他的遗书中，人们弄清了他自杀的原因："这些年来，让我活下去的信念就是抓住那个凶手……现在，伤害我的凶手被判刑了，生存的信念也随之消失了。面对自己的伤残，我从来没有这样绝望过……"

失去一只眼睛，或者一条健全的腿，也许并不可怕，真正可怕的是失去心中的目标。据报道，实施阿波罗登月计划的那些太空人，在受训期间都非常认真、刻苦，因为他们即将进行的是人类历史上前所未有的壮举。但是，当他们真正登上月球，极度兴奋之后却是如狂涛般袭来的严重的失落感，因为他们再也找不到像登月那样值得挑战的目标。

许多人之所以活得很充实，是因为他们有着永恒的信念。对于人生而言，不时地调整自己的竞技状态固然很重要，但比这更重要的是要有一种坚韧不拔的信念，心中永存梦想、希望与信念。因为大量的事实证明，人的老化不是始于肉体，而是始于精神。

黄金启示

1.父母的责任就是让孩子拥有美好的梦想，让孩子对未来充满希望。父母要给孩子创造一片宽阔的天空，在宽松的家庭环境里给孩子选择的权利，放手让孩子去想，放手让孩子去做。

2.引导孩子树立起对实现既定的人生目标的信念。有信念的人往往具有远大的抱负，志向不高的人智力也达不到。树立坚定的信念，才能扬起理想的风帆。

A—03 跳蚤效应

自我设限，默认一个高度，等于是放弃给自己成长的机会，成长当然有限。

丹麦哲学家祁克果说："一旦你标定了我是什么样的人，你就是否认我。"一个人必须去遵守标签上的自我定义时，自我就不存在了。他们不去向这些借口以及其背后的自毁性想法挑战，却只是接受它们，承认自己一直是如此，终将带来自毁。

我们饲养家禽时，就是把它们放在笼子里。时间久了，即使把它们放出来，它们也不会离开笼子太远。慢慢地，它们基本上是画地为牢，不再走出自己的天地。

有个农夫在农场展览会上展览一个形同水瓶的南瓜。参观的人见了都啧啧称奇，追问是用什么方法种的。农夫解释说："当南瓜拇指般大小时，我便用水瓶罩着它，一旦它把瓶口的空间占满，便停止生长了。"

人也是这样，自我设限，就是把自己关在心中的樊笼，就像水瓶罩住的南瓜一样，等于是放弃给自己成长的机会，成长当然有限。

生物学家做过这么一个有趣的实验：他们往一个玻璃杯里放进一些

跳蚤，发现跳蚤立即轻易地跳了出来。重复几遍，结果都是一样。根据测试，跳蚤跳的高度均在其身高的100倍以上，所以跳蚤称得上是动物界的跳高冠军。

接下来，实验者把这些跳蚤再次放进杯子里，同时，在杯上加一个玻璃罩，"嘣"的一声，跳蚤重重地撞在玻璃罩上。跳蚤十分困惑，但是它不会停下来，因为跳蚤的生活方式就是"跳"。一次次地被撞，跳蚤开始变得聪明起来，它们开始根据玻璃罩的高度来调整自己所跳的高度。经过一段时间以后，这些跳蚤再也没有撞击到这个玻璃罩，而是在罩下自由地跳动。

一天后，实验者开始把玻璃罩轻轻拿掉，跳蚤不知道玻璃罩已经去掉了，还是按原来的高度继续跳跃。一周后，那些可怜的跳蚤还在这个玻璃杯里不停地跳动——其实它们已经无法跳出这个玻璃杯了。它们已从一个跳蚤变成了一个可悲的爬蚤！

后来，生物学家在玻璃杯下放了一个点燃的酒精灯。不到五分钟，玻璃杯烧热了，所有的跳蚤自然发挥求生的本能，再也不管头是否会被撞痛(因为它们都以为还有玻璃罩)，全部都跳出了玻璃杯。

跳蚤变成爬蚤，并不是它丧失了跳跃的能力，而是由于习惯了、麻木了，跳跃的欲望和能力被自己扼杀了。这种现象被科学叫作"自我设限"，也称跳蚤效应。

其实，人生的道路上，谁都会遇到挫折和困难，关键就看你能不能战胜它。有什么样的目标就有什么样的人生。不要自我设限，要全力以赴，永不放弃，向着远大的目标前行。

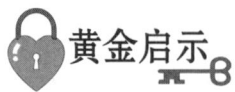

教育孩子敢于追求成功。很多人不敢追求成功，不是追求不到成功，而是因为他们的心里已经默认了一个"高度"，这个高度常常暗示自己：

成功是不可能的,这个是没有办法做到的。因此,"心理高度"是人无法取得成功的根本原因之一。因而,父母要将成功的信念注入孩子的血液中:"我相信我能成为一个好学生。我相信我能取得成就。我相信如果我努力去做就会成功。因此,我每天都将尽自己的最大努力去进取。我有能力学习,我一定去学。"

A—04　巴奴姆效应

黄金小贴士

每个孩子，不管他过去和现在怎么差，但在其内心深处多少总会有点向上的念头。

有一位心理学家做过一次有趣的实验：他在报纸上刊登广告，声称自己是个占星术家，能够遥测每个不相识者的性格。广而告之后，来信纷至沓来。他根据读者来信寄出了数百份遥测评语。有两百多人回信感谢，称赞他的遥测准确，十分灵验。谁料这位心理学家寄出的竟是内容完全相同的"标准答案"："您这个人非常需要得到别人好评，希望被人喜欢和赞赏，不过并非每个人都如此对您；您的想象力丰富，有很多美好的理想，其中也包括一些脱离现实的幻想；您想做成许多事情，身上蕴藏的潜力无穷，相比之下，已经发挥出来的却不多；在某种情况下，您会产生烦恼，甚至犹豫动摇，但到关键时刻，您的意志还是坚定不移的……"的确，这样的评语是"灵验"的。因为谁不想被人喜欢和好评？谁不会有美好的憧憬？谁能说自己的潜力已充分发挥？所以，这种几乎适用于任何人的评语每个人都会乐于接受。心理学家把人们乐于接受这种概括性的性格描述现象称为"巴奴姆效应"。

泰勒·巴奴姆是美国19世纪一位著名的马戏团主持人。他把博物馆、动物园、马戏团结合起来，创建了世界上最大的演出团体，到各国演出。因其演出的内容包罗万象而深受人们的欢迎和喜爱。于是，心理学家就将巴奴姆马戏团演出所产生的效果用来类比上述包罗万象、有正有反、有褒有贬的性格特征评语，"巴奴姆效应"的名称由此而来。

占星术是反科学的迷信活动，已成为人们的共识。那么，何以不少人，甚至连一些才高八斗的科学家、颇有声望的政治活动家，面临困惑时都相信占星术的灵验？因为每个人都有追求生活美满、事业成功的企求，不希望挫折和失败，当遇到曲折和失意时总想走出困境，改变命运。占星术家，哪怕是水平拙劣的江湖算命骗子，总是准确地把握被算命者这一心理特点，用一些模棱两可的语言加以评析推测。其中，一些投其所好的语言，经过被算命者自我引导，对号入座，变为符合其内心活动的东西，所以会觉得灵验。再说，任何事物都一分为二，无论是性格还是处事，无一例外。那种"既……又……"以肯定为主，似是而非的泛化评价，成为任何人头上都可戴的帽子。发挥人的潜能，给人以希望的评价，只要还有一点向上的要求，谁能听了不为之怦然心动？

人的自我的概念，受所处的文化环境的影响。比如，佛教认为个体暂时认同于自己的那些东西并不是他真正的"自我"，"自我"不是"我的"总和。佛教经书说了许多"自我"不是什么，但对于"自我"是什么却绝口不提。

云游僧跋札果达问佛陀有无"自我"存在。佛陀不答。僧又追问："是否'自我'不存在？"佛陀仍不答。僧只好走开。佛陀的得意弟子阿难问佛陀："老师为何不回答他的问题？"

佛陀说："因为对第一个问题回答说有，就会承认'有常'的说法。对第二个问题回答说是，就会承认'灭我'的说法。两个回答都是错的。"

因为问题本身就不对。问"何谓自我"或者"自我何在"，目的是要取得现成的客观知识。但主体的存在总是未决的。问"我是谁"意味着寻

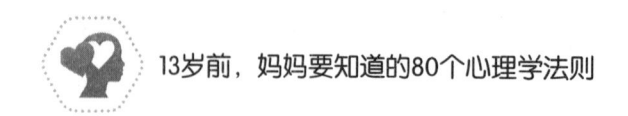

找生活道路，而生活道路不可能一言以蔽之，因为道路还没有走完。

这个问题的提出，本身就是巴奴姆效应在起作用。实际上，类似的现象在生活中十分普遍。

拿卜卦算命来说，我们不排除这个世界上有一些具备神秘预测能力的人，但是这样的人绝不会很多，至少不会像遍布各地的算命先生那样多。可是，为什么很多人在请算命先生算过以后，都会认为算得"很准"呢？

这里面就是心理因素在作怪。那些求助算命的人，本身就特别容易受到外界暗示。特别是当他们的情绪处于低落、失意的时候，对生活失去控制感，于是安全感也受到影响，心理的依赖性也大大增强，受暗示性就比平时更强了。

在求助者容易受到暗示的情况下，再加上算命先生很讲究表达时留有余地的技巧，善于揣摩人的内心感受，稍微能够理解求助者的感受，求助者立刻会感到一种精神安慰。算命先生接下来再说一段一般的放之四海而皆准的话，求助者自然也就深信不疑了。

黄金启示

父母要以身作则，相信科学。如果父母本人占卜算命，求神拜佛，迷信伪科学，那更是不应该的，这只会把孩子引向邪路。父母要相信科学，不要被封建迷信所诱惑，勇敢地向封建迷信说"不"。

A篇 理想课堂——目标决定人生的层次

A—05 手表定律

戴一块手表的人知道准确的时间，戴两块手表的人便不敢确定几点了。同样，一个孩子不能接受父母给予的两种价值观，也不能接受两个以上的目标，否则，孩子的生活将陷于矛盾之中。

只有一块手表，可以知道是几点，拥有两块或两块以上的手表，却无法确定是几点；两块手表并不能告诉一个人更准确的时间，反而会让看表的人失去对准确时间的信心：这就是著名的"手表定律"。

手表定律告诉我们：一个人不能由两个以上的人来指挥，否则，将使这个人无所适从；一个人不能同时选择两种不同的价值观，否则，他的行为将陷于混乱。同样，一个孩子不能接受父母给予的两种价值观，也不能接受两个以上的目标，否则，孩子的生活将陷于矛盾之中。

为人父母，我们一定要清楚：培养孩子的目的是什么？这是每位父母值得思考的问题。

你希望孩子成为一个什么样的人，孩子就可能成为什么样的人。

不管你希望孩子变成怎样的一个人，对大部分孩子来说，他们需要的是能够做自己真心想做的事情，建立唯一的价值观，拥有一块"手表"。

是什么阻止了他们真心想做的事情,让他们无所适从呢?

被教养的方式。我们的孩子总是被要求去满足父母的期望,去适应老师替他们塑造的模式,从来就没有考虑到自己有什么样的期望。

法国一家报纸进行智力竞赛时有这样一个题目:

如果卢浮宫失火,当时的情况只可能救一幅画,那么你救哪一幅?

多数人都说要救达·芬奇的传世之作——《蒙娜丽莎》。结果,在成千上万的回答中,法国电影史上占有重要地位的著名作家贝尔特以最佳答案赢得奖项。

他的回答是:"我救离出口最近的那幅画。"

这个故事说明一个深刻的道理,成功的最佳目标未必是最有价值的一个,而是最有可能实现的那个。

年仅12岁的孙志伟,如今已经有44份证书了。这里面有绘画比赛的,有钢琴演奏的,有数学竞赛的,有作文比赛的……甚至还有英语四级证书。

孙志伟是从3岁开始加入"考证"大军的。3岁的时候他就开始学习钢琴演奏。从第一次登台演出至今,参加的各式各样的演出和比赛不下百次。他的父母望子成龙,不想失去任何一个可以使孙志伟得到锻炼的机会。他们甚至认为,每一个证书对孙志伟的将来都会有帮助,因此,不惜让12岁的儿子承受巨大的压力。对此,爸爸说:"我相信孩子以后会明白我们的苦衷的。"

因为被迫忙于考证,孙志伟放学后基本不回家,抓紧时间赶去老师家学习,双休日也不能休息,晚上常常只能睡两三小时。"长这么大,我从来没到公园玩过。"孙志伟遗憾地说。

不加选择地为孩子的未来作很多规划,是很多父母的通病。孩子们在没有一个准确定位的人生道路上疲于奔命,更多的精力浪费在以后不会用到的特殊技能的学习上,真正有用的也可能因此而耽误。

美国作家梭罗说:"我们的生命都在芝麻绿豆般的小事中虚度,毫无算计,也没有值得努力的目标,一生就这样匆匆过去,因此国家也受到

A篇 理想课堂——目标决定人生的层次

损害。"

因此，在人生的路上，做好选择，有所取舍是必不可少的。放弃什么，选择什么，是一门艺术。人们常说"舍得"，舍得、舍得，有舍才有得。有时，放弃就是获得。培育孩子也是同样的道理，什么都想学，往往什么都学不精；什么都想得到，往往得不偿失。

手表定理是指一个人有一块手表时，可以知道现在是几点钟，而当他同时拥有两块手表时却无法确定是几点钟。两块手表并不能告诉一个人更准确的时间，反而会让看手表的人失去对准确时间的信心。你要做的就是选择其中较信赖的一块，尽力校准它，并以此作为你的标准，听从它的指引行事。记住尼采的话："兄弟，如果你是幸运的，你只需有一种道德而不要贪多，这样，你过桥更容易些。"

黄金启示

不要过多干涉孩子的选择。如果每个人都"选择你所爱，爱你所选择"，无论成败都可以心安理得。然而，困扰很多人的是：他们被"两块手表"弄得不知所措，身心憔悴，不知自己该信仰哪一个，还有人在环境、他人的压力下，违心地选择自己并不喜欢的道路，为此郁郁终生，即使取得了受人瞩目的成就，也体会不到成功的快乐。

A—06　贝尔效应

　　想着成功，成功的景象就会在内心形成。有了成功的信心，成功就有了一半把握。

　　英国学者贝尔天赋非常高，是一位传播基督教基本教义的布道家，在晶体和生物化学方面作出了卓越贡献。如果他坚持下去，一定会赢得多次诺贝尔奖。但他在艰辛的基础工作做完后，却心甘情愿地走另一条道路，把一个个开拓性的课题提出来，指引别人登上了科学高峰。后来，人们把此举称为贝尔效应。

　　要是有三种不同的人生：轰轰烈烈、平平凡凡、凄凄惨惨。让你选择，你会选择哪一种？我想大多数人都会选择轰轰烈烈！但事实是在现实生活中，大多数的人都平平凡凡，甚至凄凄惨惨！为什么不同的人会有如此大的差距呢？他们之间真的有不可逾越的鸿沟吗？当然不是的。成功者与失败者的最大不同，就在于前者坚信自己会成功，后者则不是。

　　英国前首相威廉·皮特还是一个孩子时，就相信自己一定能成就一番伟业在成长过程中，无论他身在何处，无论他做了些什么，不管是在上学、工作还是娱乐，他从未放弃过对自己的信心，不断地告诉自己应该成

功,应该出人头地。这种自信的观念在他身体的每一个细胞中生根发芽,并鼓励着他锲而不舍、坚忍不拔地朝着自己的人生目标——做一个公正睿智的政治家——前进。22岁那年他就进入了国会;第二年,他就当上了财政大臣;到25岁时,他已经坐上了英国首相的宝座。凭着一股要成功的信念,威廉·皮特完成了自己的飞跃。

英国作家夏洛蒂很小时就认定自己会成为伟大的作家。中学毕业后,她开始向成为伟大作家的道路努力。当她向父亲透露这一想法时,父亲却说:写作这条路太难走了,你还是安心教书吧。她给当时的桂冠诗人罗伯特·骚塞写信,两个多月后,她日日夜夜期待的回信这样说:文学领域有很大的风险,你那习惯性的遐想,可能会让你思绪混乱,这个职业对你并不合适。但是夏洛蒂对自己在文学方面的才华太自信了,不管有多少人在文坛上挣扎,她坚信自己会脱颖而出,让自己的作品出版。终于,她先后写出了长篇小说《教师》《简·爱》,成为公认的著名作家。

心存成功的信念,就是要树立必须成功也必定成功的人生信条。

🔒 黄金启示

坚信自己一定能成功。很多事情我们不敢做,并不在于它们难,而在于我们不敢做。其实,人世中的许多事,只要想做,并相信自己能成功,那么你就能做成。所以,对那些说你不会成功、你生来就不是成功者的料、成功不是为你准备的等闲言碎语,你完全可以置之不理,你要用行动来证明自己的能力。想着成功,你的内心就会形成为成功而奋斗的无穷动力。不管遇到什么困难,都要坚信自己一定能成功,那么,最终你也一定会成功。要知道,你来到世间就是为了取得成功!

A—07　隧道视野效应

一个人若身处隧道，他看到的就只是前后非常狭窄的视野。父母要教育孩子树立远大的理想，逐渐拥有长远的眼光和开阔的视野。

俄国大文豪托尔斯泰说过："理想是指路明灯。没有理想，就没有坚定的方向，就没有生活。"理想不仅赋予人生活的方向，而且给人以鼓舞，是推动人不断进取的动力。父母要自孩子幼小的时候就点燃理想的火花，让他做一个有理想的人。

我在一本杂志上看到这样一个故事：美国的一个摄制组，想拍一部中国农民生活的纪录片。于是他们来到中国某地农村，找到一位柿农，说要买他1000个柿子，请他把这些柿子从树上摘下来，并演示一下贮存的过程，谈好的价钱是1000个柿子给20美元。

柿农很高兴地同意了。于是他找来一个帮手，一人爬到柿子树上，用绑有弯钩的长杆，看准长得好的柿子用力一拧，柿子就掉了下来。下面的一个人就在草丛里把柿子找了出来，捡到一个竹筐里。柿子不断地掉下来，滚得到处都是。下面的人则手脚飞快地把它们不断地捡到竹筐里，同时，还不忘高声地和树上的人拉着家常。在一边的美国人觉得这很有趣，

自然全都拍了下来,接着又拍了他们贮存柿子的过程。

美国人付了钱就准备离开,那位收了钱的柿农却一把拉住他们说:"你们怎么不把买的柿子带走呢?"美国人说不好带,也不需要带,他们买这些柿子的目的已经达到了,这些柿子还是请他自己留着。

"天底下哪有这样便宜的事情呢?"那位柿农心里想。看着美国人远去的背影,柿农摇摇头感叹道:"没想到世界上还有这样的傻瓜!"

那位柿农不知道的是,他的1000个柿子虽然原地没动地就卖了20美元,但那几位美国人拍的他们采摘和贮存柿子的纪录片,拿到美国去却可以卖更多更多的钱。他也不知道,在那几个美国人眼里,他的那些柿子并不值钱,值钱的是他们的那种独特有趣的采摘、贮存柿子的生产生活方式。

柿农的蝇头小利比起那几个美国人的利益来说实在算不了什么。在教育孩子的过程中,父母如果也像文中的柿农一样只看到眼前的比较直接的"小利益",是断然不行的。父母要培养孩子具有远大的理想,把眼光放长远一些,可能会发现更大,但比较隐蔽的"大利益"。

黄金启示

视野和境界的高度,决定了孩子前途和事业的高度。如果一个人缺乏远见卓识,缺乏开阔的视野,那么他不管是在学习中,还是在以后的工作过程中,都会只看到眼前利益,而缺乏长远的打算。生活中大多数成功者,无不都是视野开阔、高瞻远瞩之人。

A—08 临界点效应

> 如果你坚忍不拔地坚持下去,就会挺过临界点,进入一种新的境界,不再害怕所面对的更长、更困难的挑战,并且在迎接挑战的过程中得到一种身心乐趣、一份成就感和一份自信。

爬山爬到一定程度的时候,会感到筋疲力尽,再也不想往上爬一步,但只要咬紧牙关坚持爬,过一会儿你就会感到全身开始舒服起来,爬山的乐趣油然而生;跑步跑到一定程度的时候,也会感到筋疲力尽,但只要咬紧牙关坚持跑,过一会儿你就会感到呼吸舒畅起来,两条腿也好像自动跑了起来,继续跑下去的勇气会转变成一种轻松的向前跑的惯性,接着再跑下去你就能跑出很远。

不管是爬山,还是跑步,在你咬紧牙关的那一刻,就是你做一件事情的临界点,如果你坚忍不拔地坚持下去,就会挺过临界点,进入一种新的境界,不再害怕所面对的更长、更困难的挑战,并且在迎接挑战的过程中得到一种身心乐趣、一份成就感和一份自信。

著名运动员熊倪在参加2000年奥运会之前,曾有过因失手而仅获银牌、铜牌的经历。当时18岁的熊倪,真正体会到了竞技运动的残酷。是自

A篇 理想课堂——目标决定人生的层次

己天分不够吗？不是。是自己不够刻苦吗？也不是！他想，也许这就是他的命，他甚至不想再跳水了。此时，一直支持他的父母向他伸出了温暖的手。母亲以默默无闻的关心表达她一如既往的爱，父亲告诉他："天行健，君子以自强不息。"话虽短，却让人警醒。就是这句话，伴随熊倪走过了痛苦和失败，一直鼓励他登上1996年亚特兰大奥运会跳水金牌的领奖台。

奥运归来，荣誉与掌声都有了，熊倪还开办了自己的服饰公司，有人建议他急流勇退。但中国跳水的状况熊倪最清楚，2000年中国奥运金牌榜需要他的加入。然而，复出的困难是明摆着的。停训近一年，熊倪长胖了不少，要恢复状态，需要付出加倍的努力。而且，复出面临着巨大的社会压力。关键时刻，又是他深明大义的父母，帮他顶住种种压力，鼓励他再度为国争光。

重上跳板之路是异常艰苦的。熊倪体质并不好，大运动量的训练使他几次体力透支，险些晕倒在游泳池里，但熊倪咬牙坚持了下来，在他心里，燃烧着熊熊的爱国之情，他只想早点恢复状态，捍卫中国跳水的荣誉。

回想起自己四次参加奥运会夺得3金1银1铜的历程，熊倪心中充满了对父母的感激，是他们鼓励自己坚定不移地走跳水之路。教导他具有一拼到底、永不言败的精神，使他多次为祖国赢得了荣誉。

如果不能跨越生命的临界点，就会吃尽失败的苦头；而要想跨越生命的临界点，就更需要经受更多的考验；但是，只要你能够忍受黎明前最黑暗的那一刻，太阳一定会带着满天的朝霞为向着东方奔跑的人灿烂升起。

黄金启示

自强不息是孩子成长的需要。孩子能不能自强，从一定程度上预示着我们国家将来的发展是否有希望。因此，"自强不息"的思想实际上也是一种不断拼搏的民族精神，它可以把国家和民族的发展与孩子的成长联系

在一起，这正是我们对孩子进行自强教育的思想基础。孩子的每一步成长都需要自强不息、努力向上的精神。一个自强的人应当是一个具有独立人格，既尊重他人，又不屈服于外来压力的人。同样，一个自强的孩子应当是一个在各种困难面前不服输，出了问题不怨天尤人的人。父母应通过让孩子自己解决生活和学习中的问题使他们认识到，在困难面前软弱和依赖是没有用的，要想真正地解决困难必须靠自己。

A—09 强刺激效应

合理地交替使用强、弱刺激效应，一定能够演奏出一曲美妙的教育乐章。

美国著名医生、博士马海德，出身于一个贫困的炼钢工人家庭。年幼不懂事的马海德，有一天看到人家孩子在吃鱼，那油炸鱼的香味令人垂涎欲滴。他一回家就吵着要吃鱼，可家里连吃饱饭都成问题，哪有钱来买鱼？小马海德吵闹不休，一向温和的父亲此时失去了平日的耐心，把儿子按倒在地，狠狠地揍了他一顿。从那以后，不论谁家吃鱼，马海德都离得远远的。他开始朦胧地体会到贫穷的滋味和这个世界的不公。

不久，家乡流行可怕的瘟疫，马海德一家都染病在床。正在这危急时刻，来了一位心地善良的老医生，为他们一家人做仔细检查，注射针剂，临行时把一个沉甸甸的袋子硬塞给马海德，亲切地说："这是我给你们准备的。这也是药啊！没有一点营养，你们怎么能抗得住疾病的侵袭呢？"马海德打开袋子一看，原来是四条长面包和一大盒土豆泥，在土豆泥旁边，还意外地发现几块油炸的鱼块。当马海德的目光接触到鱼块时，他的耳边蓦地响起了一个熟悉的声音，那是他的好友、一个工人的孩子在临终前呼喊着要吃鱼的声音。他沉思后对妈妈说："从今以后，我要立志做一个像刚才那位老医生那样的人,也去给穷人治病,让他们个个都能吃上鱼!我要……"

一块鱼、一次患病被治愈,给马海德以十分强烈的刺激,催人奋进,最终使他成为一名医学专家。

心理学研究表明,人的感受性与刺激的阈限有关。如果作用于人的刺激阈限始终维持在中等水平,那么感受性会因此而麻木。刺激阈限大大超过中等水平,感受性十分强烈,由此而产生的心理效应谓之"强刺激效应";刺激阈限大大低于中等水平,十分微弱,如一只小虫在皮肤上爬行,其感受性也会因此而强烈,由此而产生的心理效应称为"弱刺激效应"。

感觉的强刺激和弱刺激效应生活中随处都有。父母讲话,突然提高音量,或者声音低沉,都能引起孩子的特别注意。来自外界对感官的刺激,不仅有触觉,还有声、色、味等各种刺激。

俗话说,响鼓要用重锤敲,它具有振聋发聩的作用。

在家庭教育中,适当运用强刺激效应,可以产生良好的教育效果。父母对待孩子的一些痼疾,可以使用严厉批评、发怒,甚至包括处罚在内的"重锤敲打"手段,加大刺激的强度,以矫治痼疾。因为强刺激的"重锤"是带有一定威胁性的震慑,它能阻断孩子产生一定的态度和行为,或警戒可能出现的某种严重后果,从而使孩子确立应有的态度,不产生某种行为。但是强刺激手段不能与简单粗暴画上等号。父母热烈、丰富的表情,激情满怀、生动传情的眼色,富有逻辑的挚诚挚爱的语言等,都是感受性很强的刺激,通过它们来表达父母对真善美的颂扬,对假恶丑的愤怒,从而产生有力的教育效果。倘若把强刺激效应演变为对孩子讽刺、谩骂、声嘶力竭的呵斥,简单粗暴的体罚或变相体罚,这只会伤害孩子的自尊心,其负面效应是不言而喻的。

黄金启示

1.发挥刺激效应的可信性。父母在对孩子批评、警戒时需要实事求是，不能夸大其词，否则孩子可能产生逆反心理，失去应有的效应。

2.合理地交替使用强、弱刺激效应。父母在运用强刺激效应和弱刺激效应时，都只能是少量的，偶尔为之。试想若是把刺激阈限始终维持在高强度上，那么感受性也会因此而麻木，以后也无法再提高刺激的强度。有些父母嗓音大、脖子粗、脾气暴，次数一多，孩子也就习以为常，不当一回事，父母也没有别的新招可使。黔驴技穷这一典故，移用于此，恐怕对人不无启发。弱刺激效应也是如此。合理地交替使用强、弱刺激效应，相信父母们一定能够演奏出一曲美妙的教育乐章。

3.把握刺激的度。由于每个孩子对刺激的感受性不一，因此，父母在对孩子进行强刺激时，一定要从孩子的实际情况出发，把握好刺激的度；因为强刺激效应并非都是正向、积极的，也有其负面、消极的方面，问题在于怎样使用，以便对症下药，恰到好处。

智力课堂
——智力提升生命的智慧

B篇

B—01 罗森塔尔效应

黄金小贴士

每一个孩子都可能是非凡的天才。一个孩子能不能成为天才，取决于父母能不能像对待天才一样爱他、期望他、教育他。

父母的期望会对孩子产生巨大影响。当父母以积极的态度期望孩子，孩子就会向着积极的方向发展；相反，如果对孩子有偏见，孩子就会缺乏自制和自控能力。

哈佛大学心理学教授罗森塔尔曾经做过一个教育效应的实验。他把一群小老鼠一分为二，把其中的一小群(A群)交给一个实验员说："这一群老鼠是属于特别聪明的一类，请你来训练"；他把另一群(B群)老鼠交给另外一名实验员，告诉他这是智力普通的老鼠。两个实验员分别对这两群老鼠进行训练。一段时间后，罗森塔尔教授对这两群老鼠进行测试，测试的方法是让老鼠穿越迷宫，结果发现，A群老鼠比B群老鼠聪明得多，都先跑出去了。

其实，罗森塔尔教授对这两群老鼠的分组是随机的，他自己也根本不知道哪群老鼠更聪明。当实验员认为这群老鼠特别聪明时，他就用对待聪明老鼠的方法进行训练，结果，这些老鼠真的成了聪明的老鼠；反之，另外那个

实验员用对待笨老鼠的办法训练，也就把老鼠训练成了不聪明的老鼠。

罗森塔尔教授立刻把这个实验扩展到人的身上。1968年，他和助手们来到一所小学，说是要进行七项实验。他们从一至六年级中选了18个班，对班里的学生进行了"未来发展趋势测验"。之后，罗森塔尔以赞赏的口吻将一份占总人数20%的"最有发展前途者"的名单交给了校长和任课老师，并叮嘱他们一定要保密，否则会影响实验的正确性。8个月后，他们再次来到这所小学，对那18个班的学生进行复试。结果奇迹出现了：凡是上了名单的学生，个个成绩都有了较大的进步，且活泼开朗，自信心强，求知欲旺盛，更乐于和别人打交道。

其实，当初那份"最有发展前途者"的名单只是罗森塔尔教授随机挑选出来的，不过这个谎言对老师产生了心理暗示。在这8个月里，左右了老师对名单上的学生的能力评价，老师又将这一心理活动通过情感、语言和行为传染给了学生，使学生强烈地感受到来自老师的热爱和期望，从而使学生在各方面取得了异乎寻常的进步。现在人们就把这种由他人的期望和热爱，而使人的行为发生与期望趋于一致的变化的情况，称为"罗森塔尔效应"。

古人说：数子十过，不如奖子一功。父母教育孩子，就是要贯彻鼓励和表扬的原则。

黄金启示

父母要学会赏识孩子，不要吝啬对孩子的赞美。父母要时时把赏识当成孩子生命中的一种需要，努力发现孩子的优点，赞赏孩子的每一次进步。

B—02 木桶理论

黄金小贴士

一只木桶盛水的多少,并不取决于桶壁上最高的那块木块,而恰恰取决于桶壁上最短的那块木板。一根链条跟它最薄弱的环节有着相同的强度,链条越长,就越薄弱。每个人都有优势和劣势,它们共同构成了一个人的能力。如果致命的劣势无法改变,他一生都无法接近成功。

众所周知,一只木桶盛水的多少,并不取决于桶壁上最高的那块木块,而恰恰取决于桶壁上最短的那块木板。人们把这一规律总结为"木桶定律"或"木桶理论"。

根据这一核心内容,"木桶定律"还有三个推论:

其一,只有桶壁上的所有木板都足够高,木桶才能盛满水;如果这个木桶里有一块木板不够高,木桶里的水就不可能是满的。

其二,比最低木板高的所有木板的高出部分都是没有意义的,高得越多、浪费越大。

其三,要想提高木桶的容量,就应该设法增加最低木板的高度,这是最有效也是唯一的途径。

对这个理论,初听时你或许会怀疑,最长的怎么反而不如最短的?继

而就会表示理解和赞同。确实，木桶盛水的多少，起决定性作用的不是最长的木板，而是那块最短的木板，因为水的界面是与最短的木板平齐的。

与"木桶定律"相似的还有一个"链条定律"：一根链条跟它最薄弱的环节有着相同的强度，链条越长，就越薄弱。

你可以很容易地发现这两者的共同之处，它们说的都是任何一个组织都可能面临的问题：构成组织的各个部分往往是优劣不齐的，而劣质的部分往往又决定整个组织的水平。

"最短的木板"与"最弱的环节"都是组织中有用的一部分，只不过比其他部分稍差一些，你不能把它们当作烂苹果扔掉。正如你可以清除一个屡屡犯错的害群之马，却只能对办公室随处可见的浪费和低效率现象束手无策。木桶定律是讲，一只水桶能装多少水，完全取决于最短的那块木板。这就是说，任何一个组织都可能面临的一个共同问题，即构成组织的各个部分往往决定了整个组织的水平。

构成组织的各个部分往往是优劣不齐的，而劣质部分往往又决定整个组织的水平。

每个人都有优势和劣势，它们共同构成了一个人的能力。如果致命的劣势无法改变，他一生都无法接近成功。

黄金启示

发现孩子的闪光点。每个孩子都有他们自己的特点，父母只有加以引导，给其良好的发展空间，才能使每株幼苗茁壮成长。对于让孩子去参加课外补习班或者业余学习某种技艺，我们并没有什么异议。只是希望父母们在决定是否让孩子参加学习班之前，要有一个成熟的想法，认真衡量一下孩子的学习能力、实际水平、学习的积极性以及孩子的兴趣爱好等，然后作出一个切合实际的选择。

B—03 吉格勒定理

> **黄金小贴士**
>
> 水无积无辽阔，人不养不成才。"除了生命本身，没有任何才能不需要后天的锻炼。"

伟大的成功和辛勤的劳动是成正比的，有一分劳动就有一分收获，日积月累，从少到多，奇迹就可以创造出来。对一个人来说，才能的养成需要后天的勤奋学习。

左脑是主管思考的，对数字、流程比较敏感；右脑则是感性的，是比较人性化的。右脑思维是天生的，左脑思维是后天培养的。孩子生下来后，右脑思维是100%，左脑思维是0，可是在受教育的过程中，尤其是为了升学拼命读书，被训练到最后几乎95%是左脑思维。这就是说，才能和技巧都是在后天培养中训练出来的。

"除了生命本身，没有任何才能不需要后天的锻炼。"这是美国最著名的培训专家吉格·吉格勒说的一句名言。没有人能只依靠天分成功。上帝给予了天分，勤奋将天分变为天才。

中国近代史上的风云人物曾国藩建立了自己的不朽功业，但他的天赋却不是很高。在取得功名之前，有一天曾国藩在家读书，一篇文章重复

读不知道多少遍了，还是背不下来。这时候他家来了一个小偷，潜伏在他家的屋檐下，希望等曾国藩睡觉之后再行动。可是等啊等，就是不见他睡觉，还在翻来覆去地读那篇文章。小偷几乎都背下来了，而曾国藩还在翻来覆去地背。这时，小偷大怒，跳下来说："这种水平还读什么书？"然后将那文章背诵一遍，扬长而去！

小偷是很聪明，至少比曾先生要聪明，但是他只能成为小偷，而曾国藩经过自己的勤奋苦读，成就了自己在中国历史上的丰功伟业。古语云：勤能补拙是良训，一分辛苦一分才。那小偷的记忆力虽好，可惜，他的天赋没有加上勤奋，变得不知所终。

据说，拿破仑小时候很愚笨，学习成绩非常差，唯有身体健壮是他的优点。他在巴黎军事学校毕业时的成绩名次是第42名，虽不知该班毕业生人数是多少，但排列到42名的名次，总不能算是好成绩。从传记来看，他只有数学比较好，其他学科都很差。据说，他终生不能用任何一种外语准确无误地说或写。更有趣的是，战败拿破仑的威灵顿公爵，小时候也被称为"愚蠢"的孩子，在学校的学习成绩很糟。听说，甚至连他母亲也说他是个"笨蛋"。我国著名数学家华罗庚就讲过这样的话："我读小学的时候，因为成绩不好，没有拿到毕业证书，只拿到了休业证书。在初中一年级时，我的数学也是经过补考才及格的。但是说来也怪，从初中二年级后，就发生了一个根本的转变。这就是因为我认识到了，既然我的资质差一些，就应该多用一些时间去学习。别人只学一小时，我就学两小时，这样数学成绩就不断提高了。"通过上面的名人事例，我们完全可以得出这样的一个结论：不能以天赋论英雄，也不能以分数论英雄。很显然，仅仅用学校的成绩单来衡量孩子的聪明与愚笨是不公正的。

因此，我们做父母的，不要因为孩子成绩差就一味地责怪孩子"笨"，使孩子的自信心受到伤害。应该鼓励孩子在勤奋上下功夫，培养孩子勤奋学习的好习惯。

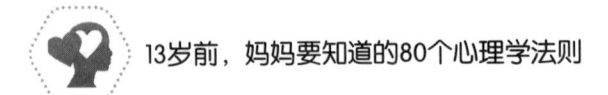

🔒 黄金启示

引导孩子尽可能地利用时间学习。爱因斯坦在总结自己成功的经验时说："天才是百分之九十九的汗水加百分之一的灵感。在天才和勤奋之间，我毫不迟疑地选择勤奋，她几乎是世界上一切成就的助产婆。"勤奋代表着一种长久的耐性，久而久之形成一种规律。每天几乎一样，按部就班，长久地坚持，这就是一种勤奋。同时，就是要抓紧时间，尽可能地利用时间来学习。

B—04 皮尔斯定理

黄金小贴士

意识到无知，是有知的开始。在学习中质疑，父母要培养孩子虚心好问的习惯。

"意识到无知才使我们充满活力。"这是美国贝尔电话电报公司实验室著名科学家，"卫星通信之父"约翰·皮尔斯提出的，人称"皮尔斯定理"。

中国有句古话，"学海无涯苦作舟"，告诉了我们面对知识的海洋，个人的见识是多么的渺小。同样，在古希腊的德尔斐神庙里，刻着一句传诵千古的话：认识你自己！大哲学家苏格拉底给出了一个最好的诠释："我唯一知道的一件事情，就是我自己什么也不知道！"正是这种谦虚心态，才成就了苏格拉底的深厚哲学思想，泽被至今！

27岁时，日本保险业泰斗原一平，刚进入日本明治保险公司开始他的推销生涯。当时，他穷得连午餐都吃不起，时常露宿公园。

有一天，原一平向一位老和尚推销保险。等他详细地说明之后，老和尚平静地说："听完你的介绍之后，丝毫引不起我投保的意愿"。

老和尚注视原一平良久，接着又说："人与人之间，像这样相对而坐

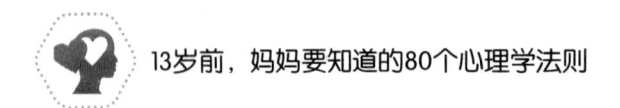

的时候，一定要具备一种强烈吸引对方的魅力，如果你做不到这一点，将来就没什么前途可言了"。

原一平哑口无言，汗流浃背。

老和尚又说："年轻人，先努力改造自己吧！"

"改造自己？"

"是的，要改造自己首先必须认识自己，你知不知道自己是一个什么样的人呢？"

老和尚又说："你在替别人考虑推销保险之前，必须先考虑自己，认识自己。"

"考虑自己？认识自己？"

"是的！赤裸裸地注视自己，毫无保留地彻底反省，然后才能认识自己。"

从此，原一平开始努力认识自己，改善自己，大彻大悟，终于成为一代推销大师。

做人贵在有自知之明，能看到自己的不足，才能弥补这种不足。当意识到自己无知的时候，我们才能进步。

黄金启示

培养孩子虚心好问的习惯。做功课遇到疑难问题时，不要让孩子依靠父母解决。最好是做一些提示、反问，鼓励他独立思考，放弃依赖心理，因为做功课是他的责任。当孩子发现书上有不懂的问题，问为什么时，父母要耐心回答，还要称赞他能虚心好问。有的孩子学习上怕苦怕难，一遇到难点就问爸爸妈妈或爷爷奶奶怎么做。这时不能直接告诉他答案，要鼓励他自己动脑筋去想，要启发他自己去解答问题。

B—05 天赋递减法则

> **黄金小贴士**
>
> 孩子的天赋随着年龄的增长而递减,教育得越晚,孩子与生俱来的潜能就发挥得越少。

爱尔维修说过:"即使是普通的孩子,只要教育得法,也会成为不平凡的人。"

孩子的天赋随着年龄的增长而递减,教育得越晚,孩子与生俱来的潜能就发挥得越少。

一棵橡树,假如它能够充分地生长,可以长到30米高的话,那么这棵橡树就具有长到30米高的潜能。同样,一个孩子,假如他的天资能得到充分的发挥,最终可以具有100分的能力,那么,这100分就是这个孩子的潜能。

然而,事情往往不按我们的理想发生。有可能长到30米高的橡树,实际上很少有长到30米的,一般只能长到12~15米。要是生长环境不理想,就只能长到6~9米。但如果肥料充足,再加上精心培育,就可以长到18~21米,甚至是24~26米。同样,具有100分潜能的儿童,如果放任不管,就只能成为具有30分能力的人。也就是说,他的潜能只发挥出了一小部分。但如果对他进行适当的教育，他的能力就可以达到60分、70分，甚至是80分。

儿童的潜能开发遵循着一种规律，那就是递减规律。比如，生下来具有100分潜能的孩子，如果一出生就受到恰当的教育，将来就可能具有100分的能力；如果从5岁开始教育，即使是非常理想的教育，将来也只能具有80分的能力；如果从10岁开始教育，就只能具有60分的能力了，而到15岁时就只剩下40分了，这就是"天赋递减法则"。这就是说，教育得越晚，儿童与生俱来的潜能就发挥得越少，这就是儿童潜能递减法则。

人刚生下来时都一样，仅仅由于环境，特别是幼儿时期所处的环境不同，有的人可能成为天才或英才，有的人则变成了凡夫俗子甚至是蠢材。即使是普通的孩子，只要教育得法，也会变成不平凡的人。

但是，仅有天赋是不够的，重要的是教育。根据儿童潜能的递减法则，一个人在成长过程中，是有某种智力发展的最佳时期。这个最佳期非常关键，它对人一生的智力发育起着决定性作用，千万不要错过。对儿童早期智力开发的关键，就是抓住最佳时期。

卡尔·威特主张从孩子出生15天就开始灌输词汇，在孩子刚会辨别事物时就教他说话。卡尔·威特从儿子出生15天时，就在他眼前伸出手指头，小威特看到后就要抓它。刚开始时由于看不准，所以总是捉不到。最后终于捉到了，小威特非常高兴，把手指放到嘴里吃起来。这时，卡尔·威特就用和蔼而又清晰的语调反复发出"手指、手指"的声音给他听。小威特停止了吮吸的动作，因为他听到了一种声音，随即小眼睛开始寻找声源，哦，是爸爸的嘴在动。于是，视觉和听觉多次结合，小威特也试着模仿了。不多久，小威特就学会了"手指"的发音。

就这样，在小卡尔·威特刚刚有了辨别能力时，卡尔·威特就拿很多东西给他看，同时，用和缓清晰的语调重复东西的名称。没多久，小卡尔·威特就能清楚地发出这些东西名称的音来了。

事实证明，孩子在3岁以前，是语言发展的最佳时期，尽早教孩子语言

这一点非常重要。因为语言既是进行思维的工具，也是接受知识的工具。没有这个工具我们就得不到任何知识。我们人类之所以优于其他动物而取得今天的进步，就是因为使用了其他动物所不具备的语言。因此，如果孩子不及早掌握语言，就不能很好地发挥其能力。而若能在孩子6岁以前掌握准确的语言，那么这个孩子的发展就一定会很快，而且其发展速度是其他孩子无论如何也赶不上的。

只要小卡尔·威特醒着，卡尔·威特夫妇或者跟他说话，或者轻声给他唱歌。当他眼光停留在床上吊着的彩色纸花上时，卡尔·威特会不厌其烦地重复着："红纸花、黄纸花……"如果正在做事，就会用亲切的语调对他说话，告诉他正在干什么。

小威特稍大一点儿后，父亲(或母亲)就抱着教他饭桌上的餐具和食物，身体的部位，家里的器具和食品，房子的各处，院子的草木及其他能引起孩子注意的实物名称。也教他动词和形容词，小威特的语汇逐日渐丰。当小威特稍微能听得懂说话时，父亲和母亲就天天给他讲故事。不仅让小威特听，而且要听后再复述故事。这样，小威特到五六岁时，就毫不费力地记住了3万多个词汇。

生物学家达尔文不但对物种起源研究精深，对育儿的见解也颇有独到之处。

一天，有位美丽的少妇抱着自己的小孩子去找达尔文，向他询问有关育儿的问题。

"啊，多漂亮的孩子啊！几岁了？"看到这么漂亮可爱的孩子，还没等少妇开口，达尔文就高兴地向夫人问道。

"刚好两岁半。"少妇诚恳地对达尔文说，"当父母的总是希望孩子成才。你是个科学家，我今天特意登门求教，对孩子的教育什么时候开始才好呢？"

"唉，夫人，很可惜，你已经晚了两年半了。"达尔文惋惜地告诉她。

自出生之日起，孩子就会通过嘴、舌头及其他感官来探索外界事物。

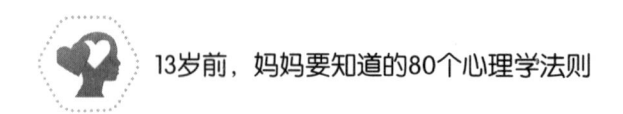

也就是说，一个人从生命的开始，就有了感知的欲望。许多父母认为孩子太小，教育他们应从适当的年龄开始。事实上，生命本身就赋予了孩子们求知的渴望。

教育学家一直提倡儿童应尽早地进行教育，这是因为学习知识的同时也训练了大脑。不管是选择学音乐或其他知识，这些都不重要，最关键的问题在于：不论学什么知识都要尽量提前。而一般情况下，2岁的孩子就应该开始接受教育，主要培养孩子的语言表达能力、身体运动能力及对周围环境的认知能力。3～4岁的儿童要进行系统的知识训练。

大脑刚开始发育的时候也是大脑感应度最强的时期，随着年龄的慢慢增长，感应度开始逐步减退，就和绷紧了的弦一样慢慢松弛下来。如果将人的婴儿期看成一个起点，那么随着年龄的增长，这种适应环境的灵敏度反而会逐步减退，适应的速度也会越来越慢。

黄金启示

不要扼杀孩子的天性。父母不要仅仅为了提高孩子的学习成绩，盲目地采取过去那种"填鸭式"甚至"虐待式"的教育模式，要知道，孩子面对这种压力，在滋补知识的同时，其固有的天性也被扼杀了。父母要尊重孩子，把孩子放在平等的地位上，发挥孩子的创造精神。

B—06　吊胃口效应

> **黄金小贴士**
>
> "兴趣和爱好是最好的老师。"兴趣是学习的动力，是推动人们孜孜不倦地追求并取得成功的催化剂。

用好吃的东西引起别人的食欲，引申为让人产生欲望或兴趣。能使人大开胃口，才有资格去吊人胃口。这就是所谓的"吊胃口效应"。而这种"吊胃口效应"其实就是培养对某种事物的兴趣。

兴趣是人们活动的内在动力，是形成能力和专长的条件。我们常说，兴趣是最好的老师。兴趣会使学习变得不那么枯燥。学习本身的确是艰苦的脑力劳动，但兴趣能使艰苦的劳动变成愉快的经历，从而大幅度地提高学习、工作的效率，也使人的心情非常惬意。比如，在酷日下行走对于一般人来说是痛苦的，但若对一个足球爱好者来说，在烈日下奔跑都会让他愉快；冬天我们连手指头也怕伸进冷水里，但爱好冬泳的人却喜欢泡在冰水中劈波斩浪。同样，学习兴趣能使人们在学习时忘却困难或者枯燥，享受这一过程。而且，愉快的心情能激励大脑，从而大大提高学习效率。

学习兴趣促进了学习成功，学习上的成功又会提高学习兴趣，这是良性循环；反之，对学习厌烦，学习必然失败，学习失败又加重学习上的厌烦感,形成恶性循环。因此,有必要讨论如何打破恶性循环,形成良性循环。

学习欲望,是学习过程得以产生、维持和完成的重要条件。同样的学习,有的人能对它们乐此不疲、全神贯注;有的则感到心烦意乱、苦不堪言、心不在焉。这是为什么呢?这是由强弱不同的学习欲望造成的。自我引发学习欲望,在提高学习效率、效果上比延长学习时间、增加学习内容具有更重要的意义。行为科学的研究表明:如果一个人对所从事的工作有兴趣,那么,他的工作积极性就高,就可以发挥出全部才能的80%;如果一个人对他所从事的工作没有兴趣,那么,他的工作积极性就低,只能发挥其全部才能的20%左右。对于学习同样如此,没有学习欲望,哪怕人们懂得的"科学学习方法"再好再多,也没什么效果,因为它们并没有为人们所真正接受。因此,如何增强、引发学习欲望,变"要我学"为"我要学",是每个人掌握学习方法之前所必须解决的问题,或者说,它本身就是学习方法的一个最基本的方面。

兴趣常常在决定一个人的一生的职业和成就上起着决定性的作用。漫画大师缪印堂上初三的时候,因病休学在家。这时候,他把以前搜集的糖纸、火花、卡片、漫画拿了出来,它们可有了用武之地,不但可供缪印堂边欣赏、边模仿,画上有什么他就画什么。"啊,画得跟真的一样!"在父母的赞扬声中,缪印堂似乎觉得病痛减轻了一些,而且越画越上瘾。就这样,在养病期间,他就把各类人物的神态、表情描摹得惟妙惟肖了。

有一次,他在一本《时事画刊》中,看到一个栏目叫《群众习作》,上面专门刊登工人、解放军、学生的漫画作品,这给了他极大的诱惑。他开动脑筋,创作了三幅画,寄给了报社。没想到一投即中,漫画作品打响了第一炮,缪印堂的创作热情被激发出来,从此一发不可收,作品频频见报。

1953年,缪印堂面临两个选择,一是报考大学,另一个是去北京的新华日报社做漫画编辑。眼中只有漫画的他,一想到大学里没有漫画专业,就毅然决定跟着自己的感觉走,选择去做编辑。当时,父母虽然也希望儿子上大学,然后找一个好职业,可是,看到儿子对漫画的兴趣那么浓厚,

明理的父母也只好把自己的意愿深藏心底。因为他们明白了一个浅显的道理：一件事，只有喜欢，才能做得持久；做得持久了，才能做出成效。面对儿子的选择，他们只是送给儿子一句话："既然是自己选择的，就不要后悔。"于是，一个背着简单行囊的年轻人坚定而快乐地只身北上，走上了漫画艺术的漫漫征途，而且从来也没有后悔过。

从缪先生的成长经历中，我们能感受到兴趣的重要。父母引导孩子培养自己的兴趣，学会如何进行创造性思维，长大后，无论干什么，都能去创造性地工作。孩子虽小，但他们也有着鲜活的思想和情感，有自己的兴趣和爱好。

黄金启示

有意识地培养孩子的兴趣。

有人问，兴趣可以培养吗？虽然兴趣有天生的一部分，但大多数都是培养出来的。

有一个男孩子身体虚弱，小学时一点也不爱好体育，却爱好一些赌博性的娱乐活动。进入中学以后，孩子的父亲决定培养他的体育运动兴趣。起初教他打篮球，不到五分钟，他就坐到篮球架底下说："没有力气了"。

显然他并不是真的没力气了，而是没有兴趣再继续下去。刚开始，在父亲的强迫之下，他只好站起来继续练习。随着时间的推移，这个男孩在不知不觉之中成了运动迷。到高中时，他不仅每年在校运会上能拿到奖牌，而且看电视、听广播时，最喜欢的就是体育节目，还经常买体育方面的书刊报纸。可见，兴趣是可以培养的。

对于孩子来说，不要只是让他们去干自己感兴趣的事情，而要努力去培养他们对应该干的事情的兴趣。

我们应该让孩子把握自己的兴趣，而不是让兴趣控制他们。该爱不爱，必受其害。在生活中就有许多这样的例子，如不爱吃蔬菜导致营养不良。

既然兴趣是可以逐步培养的，我们就应有意识地去培养孩子的学习兴趣，那么从现在就开始吧！孩子良好兴趣的培养，应着重于以下四个方面。

第一，要培养孩子的广泛兴趣，鼓励孩子接触多方面的事物，从而获得广博的知识。

第二，在广博的基础上，注意发现孩子的特殊爱好，使其在某一方面有所专长。

第三，当孩子作出选择后，要鼓励他保持恒心，不致半途而废，一事无成。

第四，帮助孩子在从兴趣出发进行的活动中收到实效，以强化其兴趣。

另外，根据教育心理学家的建议，对不同智商的孩子，兴趣培养也应不同。

智商一般的儿童：不宜提出过高的要求，应随时注意并尽力帮助其克服畏难情绪，增强自信心，养成迎着困难而上的习惯。

智商较高的儿童：适当增加其学习的难度与强度，常肯定与鼓励他们取得的进步，激发其向更高台阶迈进的浓厚兴趣。

智商低的儿童：提出实事求是的要求，利用其好强心理，发掘孩子对某一学科的"兴奋点"，并作为突破口，使其学习成绩接近或超过智商较高的同学，从而克服自卑心理，培养其学习兴趣。

B—07 瓦拉赫效应

黄金小贴士

教育的最终目的在于发现孩子的天赋，使其经过锻炼，走向成功。

大量事实告诉我们，一个人的命运，很大程度上取决于他所受的教育。教育的最终目的在于发现孩子的天赋，使其经过锻炼，走向成功。

瓦拉赫在读中学的时候，父母为他选择了一条文学道路。但未曾想到的是，老师在一次评语中写道："瓦拉赫很用功，但过分拘泥。这样的人即使有完善的品德，也绝不可能在文学上发挥出来"。此后，父母只好根据瓦拉赫自己的意见，让他改学油画。可是瓦拉赫既不善于构图，也不会润色，不久又得了个全班倒数第一，老师给的评语是："你是绘画艺术方面的不可造就之才"。

从此，瓦拉赫在学校绝大部分老师眼中是位不可造就的笨学生，只有化学老师发现了他的闪光点：做事一丝不苟，具备做好化学实验应有的素质，就建议他改学化学。对瓦拉赫几乎绝望的父母只好接受了老师的建议。果然，得到老师重视的瓦拉赫变得格外用功，不久，他在同班学生中成绩遥遥领先，老师给的评语是："你是前程远大的高才生"。

瓦拉赫的成才过程，可以说离不开父母始终对他充满的爱意和信心，

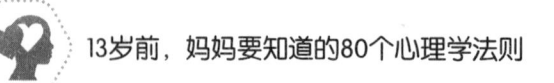

父母总是鼓励和支持他尝试各方面的学习，几经失败，最后他终于有机会找到了学习化学的成功之路。

哈佛大学心理学教授霍尔德·加德纳近年来研究发现，人有七种智力：语言、数理逻辑、音乐、身体动觉、空间关系理解能力、人际交往的智力和自知之明。

其实，每个人的七种智力发展并不平衡，往往是某些方面较为突出。瓦拉赫的成功，说明了这样一个道理：孩子的学习潜能是不一样的，有的比较全面，有的在某一个方面特强。孩子在找到了发挥自己潜能的优势方向后，通过努力就能取得应有的成绩，这一现象被后人称为"瓦拉赫效应"。父母要善于发现孩子的智力"闪光点"，实际上就是说要发现孩子的"特长智力"或者说"学习潜能"，并加以科学的引导和培养。

黄金启示

发现孩子的天赋。 父母要有一双会观察的眼睛，细心观察孩子的一举一动。孩子的一些才能，有可能就在一举一动的细节中。每个孩子都有自己的独特之处，当孩子的才能火花闪现时，父母要善于发现它、认可它。父母要发现孩子的天赋，最重要的一条就是让孩子接触各种各样的知识，鼓励孩子参与广泛的活动，积极地表现自己的才能。具体方法如下：

从兴趣看天赋。 孩子的兴趣所在往往就是其天赋的"闪光点"，贝多芬4岁时喜欢在琴键上来回按动，其祖父及时抓住这一"闪光点"，有意识地去培养他，结果他8岁时就能登台表演，最终成为享誉世界的音乐家。父母平时要仔细观察，看孩子是否不断地提出某一方面的问题，聚精会神地听某方面的讲述，或津津有味谈论某一领域的事情；是否主动地参加或观察某个活动；是否专心地做某方面的小实验；是否经常购阅某一方面的书籍；是否特别珍惜某些物品；等等。另外，多与学校的老师联系，并与孩子一起玩耍、散步、旅游，以便发现孩子的爱好与兴趣。

从行为看天赋。孩子在日常活动中会有不同的表现,父母应随时留心观察孩子的灵性所在。所谓灵性,指孩子在某项活动中表现出色,优于其他同龄儿童,对某些知识一点就通,容易入门,学习积极性与主动性强,热情长久不衰。如开始说话早,对语言的记忆力较强,说起话来滔滔不绝,喜欢讲故事,这表明孩子有语言天赋;如孩子爱听车或船的鸣笛声以及其他有节奏的声音,学习新歌曲毫不费力,这表明他有音乐天赋;如擅长下国际象棋或跳棋,喜欢问抽象的问题,表明他有逻辑数学天赋;如爱提各种各样的问题,对天文、地理和自然现象的知识感兴趣,表明他有空间想象天赋;如能较早地做各种运动动作,熟练地掌握各种体育器械,表明他有运动协调天赋;如能观察别人的微小变化,在阅读小说或看电视、电影时能很快认出其中的正、反角,表明他有管理方面的天赋。

从性格看天赋。据德国科学家研究,孩子的个性也是其天赋的"显示屏"。20年前密歇根大学的专家对125名3~10岁孩子的母亲进行问卷调查,依据孩子在同别人发生意见分歧时的态度予以性格分类,并与现在的情况进行对照研究,发现那些自己的意见一旦被否决就哭的孩子,感情脆弱、敏感,日后大多数成为有艺术特长的人。专家的解释是:这类孩子不尝试解决冲突,因此长大后内心世界比较丰富。而那些显得自信的孩子,长大后许多人成了法官、新闻记者或律师。至于那些不经过深思熟虑就脱口而出、为证明自己正确态度咄咄逼人的孩子,日后容易成为部门的领导或管理者。

B—08 母狼法则

黄金小贴士

孩子越自立，对父母的依赖性越弱，这是高兴的事，就该鼓励。关键是在紧要的地方替孩子把握好大方向，而不能放任自流。

大自然中，每当小狼快要成年的时候，母狼就会凶狠地将小狼赶出家门，让它们自己去闯荡。母狼的这种现象被人称为"母狼法则"。

一位父亲在教育女儿的问题上，也采取了"母狼法则"——

那年，我们单位10多个同事到苏州一日游，女儿刚4岁，吵着要我带她去，我说可以，但有个条件，即不能让大人抱，只能自己走。没想到，女儿竟然答应了。

那时苏州交通还不是很发达，景点之间只能靠挤公交车，大人挤公交车尚且困难，何况一个4岁的孩子。同事牵着女儿的小手挤进车厢，找了个座位，让女儿坐下。我对女儿说，这个座位是给老人坐的，小朋友应该主动让座，女儿硬是让同行的一位长者坐下。

九月的苏州，骄阳似火，走了一整天，大人都十分吃力，何况是孩子。女儿更是小脸涨得通红。女儿几次求救似地望着我，同事也纷纷求情，主动要求抱女儿。我说不行，这是讲好的，谁也不能违反。

事后，有的同事说我心太狠了一点，我说我要向母狼学习，现在不狠心，将来孩子是要吃苦头的。

事实正是这样，我对女儿从来不溺爱，注意培养她独立生活的能力。女儿从读小学一年级就自己一个人来去，大人从来不接送。10多岁的时候，就会用刀完整地将苹果、梨削好。她参加市作文竞赛，得了二等奖，需要到富民路上的武警会堂领奖，我家住在杨浦区，对于一个从来没有出过远门、方向感又较差的女孩来说，实在是件很困难的事情。我给女儿一张上海地图、几元钱，将武警会堂的位置在地图上标了出来，我对女儿说："路，在鼻子底下"。话是这么说，心里却是15个吊桶打水，七上八下的，直到女儿拿了奖状、奖品到家，我才算放下心来。

高尔基说："爱孩子，那是连母鸡也会干的事情。"我庆幸自己学了母狼，而没有学母鸡。

这位父亲的做法，值得我们做父母的学习。

孩子渴望自立，这是好事。对于聪明的父母，明智的做法应是：孩子越自立，对父母的依赖性越小，这是高兴的事，就该鼓励。关键是在紧要的地方替孩子把握好大方向，而不能放任自流。

父母要培养孩子的自立意识，而不可处处挡在他们前面，替他们出主意、作主张。如果这样，孩子只能听话、服从，而他们就不能独立自主地做他们想做的事了。这样的结果只会造成孩子对父母严重的依赖心理，既不利于孩子的健康成长，也会使孩子日益对父母不满甚至与其对立。

儿童心理学研究发现：让孩子长期处于过分呵护的情况下，其独立性及智力的发展会日渐迟缓。因此，如果父母溺爱孩子，可以说是帮倒忙。但也有讽刺意味的是，有些父母忙于生计，对孩子没有办法照顾太多，反而让孩子变成了自立自强的人，这真是"歪打正着"！当然，我们不主张这种"偶然成功"，而是有意识地让孩子成为一个自立自强的人。

孩子面临生活、学习重大问题来寻求父母意见时，你就得鼓励他们："你自己是怎样考虑的？""首先你应该拿出主张。""你自己选择

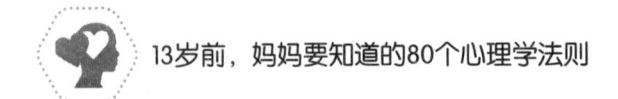

吧！""你所做的事，我相信会令我满意的！"

不过，这并不表示父母就可以放任不管。因为在孩子遇到有关成长幸福的关键问题时，父母就应有明确的意见和主张，但不是强加于他们，替他们决定，而是在鼓励孩子自主自立的前提下，让他们自觉接受父母的意见。

只有在足够放松的心态下，孩子才能勇敢、愉快地探索世界。上幼儿园、外出旅游的时候可以给孩子穿易洗或耐脏(颜色深)的外套。让孩子穿上爸爸旧衬衣改成的工作服(爸爸衬衣去领、袖剪短)玩泥、玩水，不怕脏，孩子还特自豪。

生活是最好的教育，自己的事情自己做，自己做的事情要自己负责。现实生活中，一些父母不征求孩子的意见就武断地替孩子拿主意，这样一来，孩子就容易产生一种自己"无能为力"的感觉。任人摆布，孩子心中就不会高兴。应该明白，在重大事情上，父母是应该为孩子策划和做主的，但是有些小事情不妨就让孩子自己决定吧。

黄金启示

父母要改变观念，减少对孩子们的溺爱与迁就，从小培养孩子的**独立生活能力**。要给孩子更多自我锻炼、自我服务的机会，减少孩子对父母的依恋和依附，提高孩子对社会生活的适应能力，这将有助于孩子独立性的发展。

B—09 鸟笼逻辑

> **黄金小贴士**
>
> 培养正确的思维方式，找出解决问题的办法。

如果你挂一个漂亮的鸟笼在房间最显眼的地方。过不了几天，主人一定会作出下面两种选择：要么把鸟笼扔掉，要么买一只鸟回来放在鸟笼里。这就是"鸟笼逻辑"。

道理很简单：设想你是房间的主人，只要有人走进房间，看到鸟笼，就会忍不住问你："鸟呢？是不是死了？"当你回答："我从来都没有养过鸟。"人们会问："那么，你要一个鸟笼干什么？"为了避免此类的谈话一再地打扰你，最后，你不得不在两种选择中二选一，因为这比无休止的解释要容易得多。

许多时候，人们大部分是采用惯性思维：鸟笼必定养鸟。如此就会形成一种刻板思维。如果鸟笼设计精巧，当然还可以作为观赏品。

在绝大多数时候，人们都是采用最熟悉的方法来解决问题，因为我们觉得使用自己最了解的方式更易取得成效。但当我们努力地用熟悉的解决方案去解决问题时，很多根本的问题仍然无法改善，甚至更加恶化。因此，在生活和工作中，只有培养逻辑思维才能真正解决问题，才能避免无休止的解释。

曾有个这样的节目，某电视台的少儿节目主持人问小朋友："大雁为什么飞成一条线？"孩子们抢答道："因为它们怕回家迷路！"（我们要惊讶于孩子们奇特的想象力和超常规的思维方式）面对孩子们的回答，主持人笑了笑说："回答得不对！"

我们无意责备这位主持人，但是我们仔细想想，却要为他的回答感到惋惜，因为充满无限想象力的萌芽就这样被成人的理性化思维否定了，一个创造性的回答被成人视为"不对"而"一棍子打死"。

黄金启示

培养创新思维。创新思维是指让我们的孩子在现有的知识的基础上，对事物产生疑问，经过思考，从而产生对事物的新思考。做父母的要注意，不要将固定的思维模式强加给孩子，或者让孩子按照您的思维习惯来思考问题，而是要让孩子学会如何另辟蹊径，即使这样做可能意味着孩子将推翻习以为常的思维方式。爱因斯坦就是创新思维的典范，他认为想象力比知识更为重要。在他的一个著名的有关思维的实验中，他问道："如果我能以光速运行，世界将会怎样？"这个独特的视角使爱因斯坦超越了传统的知识。传统的知识认为"时间和空间是绝对的，当光穿越时空的时候不会发生变化。"爱因斯坦在思想上的这一小小的转换，使光超越了人们的原有概念，而被重新定义成了一个相对的、时空的延续体。爱因斯坦具有创造性的想象给了我们全新的启示。

B—10 二八法则

> **黄金小贴士**
>
> 父母在教育孩子的过程中,最主要的就是要经营孩子20％的关键点,这样首先有利于我们集中主要的教育资源,集中力量做好生命中最重要的事情。

1897年,意大利经济学者帕累托在研究中偶然注意到一件奇怪的事:19世纪英国人的财富分配呈现一种不平衡的模式,大部分的社会财富都流向了少数人手里。在当今社会,这件事本身并没有什么值得大惊小怪的,但令帕累托真正感到兴奋的是,这种不平衡模式会反复出现,在不同时期或不同国度都能见到——不管是早期的英国,还是与它同时代的其他国家,或是更早期的资料——而且这种不平衡的模式有统计学上的准确性。

帕累托从研究中归纳出这样一个结论:如果20％的人口拥有80％的财富,那么就可以预测,10％的人将拥有约65％的财富,而50％的财富是由5％的人所拥有。在这里,重点不仅是百分比,而在于一项事实:财富分配的模式是不平衡的,而且这种不平衡是可以预测的。因此,80／20成了这种不平衡关系的简称,不管结果是否恰好是80／20,因为严格来说,精确的80／20关系不太可能出现。后人对他的这项发现有不同的命名,如帕累托法则、帕累托定律、80／20法则、80／20定律、二八法则、最省力法则、不平衡原则等，也有人称之为"5∶95定律"。后来有人在研究犹太人经商成功经验的时候偶然发现，犹太人是在商业活动中最早使用"二八定律"的。犹太人发现，世界上富人与普通人的比例是22∶78，而富人的财富与一般人财富的比例则正好颠倒过来，即78∶22。所以，犹太人赚钱的重要原则之一就是，要赚钱就赚富人的钱。由此，有人亦将"二八定律"称为"犹太商法"。

自从1897年，意大利经济学家帕累托提出了著名的"二八定律"后，这条神奇的法则就广泛地被人们接受并改变了很多人的生活。然而人们对它知之甚少。

约瑟夫·福特说过："上帝和整个宇宙玩骰子，但是这些骰子是被动了手脚的。我们的主要目的，是要了解它是怎样被动的手脚，我们又应如何使用这些手法，以达到自己的目的。"

这是一条神奇的自然法则，比如说大气层中氧气与氮气的比例是22%∶78%；人体内其他物质与水的比例是22%∶78%……按照这样的规律我们展开想象，人的优点和缺点的比例应该是20%∶80%，一个人80%的成功因素基于他自身具备的特点中的20%优良的潜质，一个人80%的努力是没有回报的，而20%的努力却能使他走向成功。也就是说，人生的关键就是要找到自己的20%，也就是"20%的关键点"。

所以，父母在教育孩子的过程中，最主要的就是要经营孩子20%的关键点，这样首先有利于我们集中主要的教育资源，集中力量做好生命中最重要的事情，这也是让生命产生回报的最好方法！

虽然我们已经知道了"二八法则"的妙用，但是如何发挥它的优势的第一前提就是要找到关键的20%，也就是要重视"发现"的作用，因为发现20%是利用20%的前提。虽然我们在孩子身上可能发现他所具备的诸多优点和缺点，但是，究竟哪些才是影响他未来的极其重要的20%的因素，面对混沌初开的孩子，需要父母运用智慧和经验发现并告诉孩子。在发现的基础上进行改变，才有可能收到成效。所以，发现孩子的关键点，也就

是人们提倡的"发现式教育"，因为发现是培养孩子的首要前提！

达·芬奇是欧洲文艺复兴时期的著名画家。他创作的《蒙娜丽莎》肖像画和《最后的晚餐》壁画是人们所熟知的名画。他画蛋的故事更是在世界各地广泛流传。而他之所以能够成为一名画家，是因为他的父亲及时地发现了他的爱好，并为他发展绘画艺术创造了条件。

1452年，达·芬奇出生在意大利佛罗伦萨附近的芬奇镇。他的父亲是一名律师，名叫比埃罗。小时候，他的家里比较富裕。母亲是一位贫苦的农妇，名叫特丽娜。达·芬奇出生后不久，父母离婚，母亲离开了，他是在父亲的抚育下成长起来的。

儿童时代的达·芬奇，喜欢大自然的景色，经常攀登悬崖，并且对画画很有兴趣。有时，他独自一人坐在草丛中，用心地观看五彩缤纷的花草树木，饶有兴趣地描绘着那些花瓣和树叶的形状。他喜欢钻山洞，探索里边的秘密。他每次从山洞走出来时，身上都弄得脏乎乎的，总要捉几个小动物带回家里，仔细地观看，并且按照小动物的样子进行描绘。开始画得有些四不像，但是，时间久了，他画的那些东西渐渐有了画意，镇上的人们都叫他小画家。

有一天，邻近村上一位农民，拿着一块木板来到镇上，交给了比埃罗，说："请你家的小画家在上面画些东西。"比埃罗当即答应了，但不知是什么原因没有告诉儿子。过了几天，达·芬奇发现家里有一块木板，就将它刨平，用锯锯成一个盾牌。盾牌做成之后，他看到上面什么也没有，不大好看，便想在上面画点画。画什么呢？他想来想去，就将自己最熟悉的小动物画了上去。画成后，他拿去给父亲看。父亲看到上面画的有蛇、蝙蝠、蝴蝶、蚱蜢，还有一些叫不出名字来的小东西，不仅数量多，而且结构合理，形象逼真。比埃罗高兴极了，心想孩子是不是真的有画画的天分，他决心支持孩子去学习艺术，把孩子培养成为一名画家。

比埃罗十分重视名师的指导作用。为了使孩子取得名师的指导，1466年，他同儿子一起来到了佛罗伦萨。罗基奥是当地一位颇有名气的画家和雕刻家。比埃罗带着儿子找到了罗基奥，向他说明了来意，并将达·芬奇的情况作了一番介绍。罗基奥看达·芬奇既有画画的才能，又有学画的决心，就答应收下这个小徒弟。达·芬奇高兴极了。从此，他在画家罗基奥的具体指导下，并且在画师的画室里学习画画。通过勤学苦练，终于成为举世闻名的画家。他的绘画把科学知识和艺术想象有机地结合在一起，将当时的绘画水平发展到了一个新的阶段。现在流行在世界各地的达·芬奇画蛋的故事，就是对他成才成名的真实概括。

正是因为达·芬奇的父亲具备了一双善于发现的慧眼，才造就了一代伟大的艺术宗师。

我们父母在教育面前的浮躁，总是让自己陷入了疲于跟随，忙于奔走的境地，我们常常因此而没有了自己的看法，没有了自己的眼界，也因此而隐藏了孩子最重要的20%的关键点。

我们始终相信每个孩子都是天才。每一个孩子都是一块没有经过雕琢的璞玉，闪动着自然而质朴的光华。如果孩子的聪明才智得不到开发和鼓励，其光华就会渐渐暗淡下去。

孩子的智能，犹如地下之水，需要深层的挖掘，才能品尝到井水的甘甜。激励和开发潜能，其根本出发点是造就和培养素质和能力全面过硬的孩子。

黄金启示

发掘孩子"探究"的潜力。孩子对科学的兴趣，是他们力求认识自然界，认识人类自身，渴望获得科学知识和不断探求真理而带有情绪色彩的意向活动。在青少年参与科学探究学习活动的动机中，最现实、最活跃的成分之一就是求知欲。

"知之者不如好之者，好之者不如乐之者"，正是指出了兴趣的重要性。因此，在引导孩子参与科学探究学习活动的时候，首先要利用大自然气象万千、多姿多彩的魅力，利用科学为人类生活带来无穷无尽变化的重要影响力，抓住他们的好奇心，启发他们的求知欲，开阔他们的眼界，激

励他们探索科学的兴趣。

从某种意义上说,孩子对科学的兴趣,决定了他们是否愿意以及能否成功参与科学探究学习活动。

家庭课堂
——环境影响一生的成长

C篇

C—01 破窗理论

> **黄金小贴士**
>
> 孩子的成长必须依赖环境,就像植物离开阳光雨露就不能生长一样,是永恒的法则。

作家罗兰的一段话,精辟地说明了环境、家庭对一个人的影响,她说:生命不是一个可以孤立成长的个体。它一面成长,一面收集沿途繁花茂叶。它又似一架灵敏的摄像机,沿途摄入所闻所见。每一分每一寸的日常小事,都是织造人格的纤维。环境中每一个人的言行品格,都是融入成长过程中的建材。使这个人的思想感情与行为受到感染,左右着这个人的生活态度。环境给一个人的影响,除有形的模仿以外,更重要的是无形的塑造。她还说:形成一个孩子的人格与观念的,绝不仅是书本上的知识或教师的言论,更是环境中的每一房舍,每一草木,每一方寸风沙,每一个同伴,每一点滴的生活琐事和每一项课内或课外的活动。这些不但是他们日后回忆的资料,更是织就他们生命的色彩与素材。自然平静的环境形成开朗的人格,偏狭竞争的环境形成斤斤计较的性格。其重要性绝不是几册书,几行笔记,一些分数,一个名次或榜上虚荣可比拟的。

C篇　家庭课堂——环境影响一生的成长

美国心理学家詹巴斗曾进行过一项有趣的试验。

他把两辆一模一样的汽车分别停放在两个不同的街区，其中一辆完好无损，停放在帕罗阿尔托的中产阶级社区；而另一辆，摘掉车牌、打开顶棚，停放在相对杂乱的布朗克斯街区。结果怎样呢？停在中产阶级社区的那一辆，过了一个星期还完好无损；而打开顶棚的那一辆，不到一天，就被偷走了。后来，詹巴斗把完好无损的那辆汽车敲碎一块玻璃，仅仅几小时就不见了。

以这项试验为基础，美国政治学家威尔逊和犯罪学家凯林提出了一个"破窗理论"。他们认为：如果有人打坏了一栋建筑上的一块玻璃，又没有及时修复，别人就可能受到某些暗示性的纵容，去打碎更多的玻璃。久而久之，这些窗户就给人造成一种无序的感觉，在这种麻木不仁的氛围中，犯罪就会滋生、蔓延。

科学家经过研究发现：人的大脑发育过程是不断发展、不断变化的，因为它必须适应环境，并对环境产生反应。对于教育来说，孩子的成长必须依赖环境，就像植物离开阳光雨露就不能生长一样，是永恒的法则。因此，教育最重要的因素之一就是创造一个尽可能好的环境。

美国著名作家海明威从小生活在艺术和科学气氛十分浓厚的家庭。父亲是个医生，有丰富的业余爱好和足够的闲暇时间，他尽量把海明威的心吸引到自己的事业和追求上来，他教海明威钓鱼、狩猎、游泳、爬山，培养他面对困难坚忍不拔的精神。母亲平时教他音乐，对他温和宽松。在这样的教育氛围中成长起来的海明威终于成为一代文学巨匠，他写的《老人与海》还使他获得了诺贝尔文学奖。

有一句俗语是"近朱者赤，近墨者黑"，人在成长中难免会相互影响，这种影响在低龄儿童中表现得尤为明显。后天良好环境的影响能够弥补孩子的先天不足，诱发内在的潜能，引导孩子向良好的方向发展。

黄金启示

家庭，决定人生的第一环境。

家庭是最贴近、最密切，而影响最深、最重要的环境。家庭应当是培育孩子美好情感与理想的温室，孩子在家中与父母相处的时光，应该是他们一生中最美好的回忆。

孩子的心灵是洁白无瑕的。生活在什么环境中，就会被造就成什么样的人。教育家斯宾塞说："野蛮产生野蛮，仁爱产生仁爱，这就是真理。对待儿童没有同情心，他就会变得没有同情心；而以应有的友情对待他们，就是培养他们友情的最好手段。"事实证明，家庭环境对孩子的成长有着决定性的影响。

家庭环境和氛围会对家中每一个成员施加一种无形的影响，使之产生某种心理评价，形成某种心理状态。生活在有良好氛围家庭中的孩子，会产生轻松愉快的心情，从而使其生理和心理得以健康发展，促进智力开发。相反，如果一个家庭长期处于不良的氛围之中，父母不是相敬如宾，而是"相见如冰"，对孩子也是动辄打骂，那么，这个孩子就会感到这个家庭不好，生活没有多大意思，产生压抑紧张的心情，从而使其生理和心理畸形发展，并且抑制智力发展。

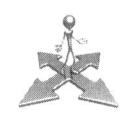

C—02 鱼缸法则

黄金小贴士

孩子的成长需要自由的空间，而不要让他们拘泥于一个小小的"鱼缸"。

过分的保护就会导致过分的限制，会限制能力的发展。

在美国某家公司总部，醒目地在门口摆着的一个漂亮鱼缸。在鱼缸里，有十几条产自热带的杂交鱼开心地嬉戏着，它们长约三寸，脊背一片红色，长得非常漂亮。这些鱼儿们，在鱼缸中鲜活地生长着，它们过得相当自得其乐，时而游玩，时而小憩，吸引着众人欣赏的目光。两年的时间过去了，小鱼们的"个头"似乎没有什么变化，依旧三寸来长，在小小的鱼缸里自由地游来游去。

这天，董事长的顽皮孩子来找父亲，看到这些长相奇特的小鱼，他非常好奇并兴奋地试图去抓出一条来。慌乱中，鱼缸被他从桌子上推了下来，碎了一地。鱼缸里的水四处横流，十几条热带鱼可怜地躺在地上苟延残喘。

人们急忙把它们捡起来，但是鱼缸碎了，把它们安置在哪呢？人们四处张望，发现只有院子中的喷水泉可以做它们暂时的容身之所。于是，人们把那十几条鱼放了进去。

两个月后，一个新的鱼缸被抬了回来。人们纷纷跑到喷水泉边捞那些漂亮的小鱼。十几条鱼都被捞起来了，但令他们非常惊讶的是，仅仅两个月的时间，那些鱼竟然都由三寸来长疯长到了一尺！

对于这些鱼儿的突然长大，人们七嘴八舌，众说纷纭。有的说可能是因为喷水泉的水是活水，最有利于鱼的生长；有的说喷水泉里可能含有某种矿物质，是它促进了鱼的生长；也有的说那些鱼可能是吃了什么特殊的食物。但无论如何，都有共同的前提，那就是喷水泉要比鱼缸大得多！

鱼因为生长环境的改变，由三寸来长疯长到了一尺。由此，我们想到：对于孩子的教育，也是这样，孩子的成长需要自由的空间。要想使孩子长得更快、更强，就一定要给他活动的自由，而不要让他们拘泥于一个小小的"鱼缸"。后来人们把这种由于给孩子更大的空间而带来孩子更快发展的现象称为"鱼缸法则"。

孩子一天天长大，父母要有意识地克制自己，不要什么事都为孩子做主，要尽可能地让孩子接触社会，体验各种经历，尊重孩子的想法，信任孩子的能力，给孩子一个自由自主的空间，让他在人生的天空里自由翱翔。

黄金启示

让自己成为孩子的引导者，而不是强制者。给孩子一定的自由，表明我们信任和尊重孩子。得到信任和尊重的孩子，会因此更加尊重我们、爱我们。

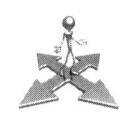

C—03 餐桌效应

> **黄金小贴士**
>
> 父母要有意识地利用餐桌营造有利于孩子健康成长的积极效应,避免衍生有害于孩子的负效应。

我国绝大多数家庭习惯于自炊自食,一家人围坐餐桌,一日三餐,一年千顿。倘若逢年过节,烹饪丰盛菜肴,尽享天伦之乐;如果亲朋临门,通常举办家宴,热情招待宾客。餐桌集家庭饮食生活、亲情交往、信息交流于一体,具有强烈的文化效应,也是家庭教育的重要阵地。人们对家里的餐桌怀有特殊情感。有人曾这样写道:"从童稚到学生,从中学到大学,我无数次围坐它旁边,在轻松愉快的气氛中,在饮食用餐的同时,汲取着各种各样的知识和文化素养……随着年龄的增长,我在餐桌边吸收的知识越来越多。小小餐桌真是海阔天空,趣味横生。"

广为流传的"半鱼之训"便是一个典型的例子。据说清末松江府陆稼书进城赶考前,他母亲为了试探儿子有没有不畏权势当清官的思想,想出一个巧妙的方法。他母亲在吃晚饭前,把中午儿子吃剩的半条鱼翻个身,装成一条新烧的鱼,叫儿子吃饭,并说:"这是刚才新烧的一条鱼。"陆稼书看看碗中的鱼,心想明明是中午吃剩的半条鱼,就说:"这明明是中午吃剩的半条鱼。"他母亲板起脸训道："怎么，连娘的话你都不听了？"陆稼书见母亲发怒，连忙跪下赔礼："孩儿不孝，顶撞老母。母亲说得对，是刚烧好的鱼，逆子惹母亲生气，该打。"他母亲听了，放下筷子，教训道："稼书，你明明知道这是中午吃剩的半条鱼，为什么附和为娘的话，说是一条刚烧的鱼？我是担心你赶考得中，当官后畏惧权势，践踏王法，才试探于你。不想你现在就懂得迎合，轻易改变主意，日后怎能为官清正，为民做主？"他母亲语重心长地告诫儿子："我儿一旦为官，须为民做主，这才是娘的好儿子。"陆稼书牢记母训，后来成为清官。

调查表明，当前有不少父母十分重视餐桌效应，能够有意识地利用餐桌营造有利于孩子健康成长的积极效应，避免衍生有害于孩子的负效应。但是也有相当数量的父母，在如何对待餐桌效应上存在着诸多弊病，主要有以下几种情况。

以"吃"示爱，产生"餐桌溺爱"。患此"病"的父母往往受"民以食为天"的传统思想和不良习俗的影响，正如一位社会学者所说的那样，中国父母表示对孩子的爱时，"往往不在乎他们想些什么，却很关心他们的吃，总以为给孩子做好吃的，就是爱"。有些父母重"吃"轻"教"，对孩子的饮食，百依百顺，一味迁就，以致孩子挑食，偏食，爱吃零食。

饮食不当，引发"现代富贵病"。这类父母缺乏科学饮食知识，误认为食品越精营养越好，价格越贵，营养价值越高；觉得过去自己穷，吃得较差，现在富裕了，应该让孩子吃好，极力增加孩子营养，往往主食过精，副食过甜，鱼、肉、蛋脂肪过多，加上各种补品，造成孩子营养过剩，过于肥胖，或者素食太少，维生素缺乏，营养不全，影响健康。有些父母追求所谓"色、香、味"，烹饪不科学，以致油酱过重，味精过量，色素过浓，甚至有的父母贪尝"生猛海鲜"，引起"病从口入"。

不良教育，造成餐桌负效应。这类父母往往对餐桌效应缺乏正确的认识。有的父母平时不关心孩子，逢"吃"才教，批评训责，唠唠叨叨。有的父母以"饿饭"威胁孩子，以"吃"为条件教育孩子，"你听话，给你

吃好的""不听话，不准吃饭"。还有的父母，自身修养不高，追求吃喝享受，铺张浪费，嗜酒暴食，甚至在餐桌上言语粗俗，内容消极，格调低下，不注意饮食文化和温馨的气氛，行为举止不文明，对孩子产生有害影响。

在西方的家庭餐桌上，一般父母虽然不太注意食物的丰盛，却十分注重情调和气氛的融洽，重视与孩子的情感交流，传授生活礼仪和社交经验。当有客人时，有意识地让孩子参与客人的交谈，孩子有同等的发表意见和讲述感受的机会，要求孩子担任小主人的角色。

黄金启示

充分发挥餐桌效应的教养功能。

首先，父母要提高饮食营养结构的科学性，满足孩子健康成长的需要。父母要学习营养学知识，注重食品的合理结构，教育孩子不能挑食和偏食，少吃零食。就当前而言，尤其要提高粗粮和素食的比重，防止孩子脂肪和蛋白等营养过剩，保证孩子健康成长。

其次，父母要讲究饮食文化，充分发挥餐桌效应的教育功能。父母要善于开发和利用饮食文化底蕴，发挥育人功能。如有的父母利用饮食品教孩子识字，讲故事典故，注入知识养料。在温馨愉快的气氛中，让孩子汲取各种文化知识，使餐桌成为家庭教育有效的重要场所。有一位父母，在孩子牙牙学语时，吃什么菜，就教什么菜的名字。待孩子长大点儿，吃什么菜就教其生物学知识、营养成分，还讲碗、盆等陶瓷烧制，豆腐、乳腐制作方法等，边吃边教，内容广泛。餐桌几乎成为父母传授生活知识、社会经验等百科全书的"课桌"。

再次，父母要注意饮食卫生和良好饮食行为习惯的教育培养，这是教育孩子"学会生活"养成科学生活方式的重要方面。这方面的内容很多，诸如：注意饮食卫生，不喝生水，不吃变质食品，不偏食挑食，不暴饮暴食；饭前要洗手，吃饭定时定量，饭后作轻微活动；讲究饮食时的礼仪，学会招待客人；注意餐具清洁卫生，做洗碗刷锅等家务，学会烧制家常菜等。

C—04 真爱原则

> **黄金小贴士**
>
> "教育的秘诀是真爱。"这种真爱,是以关怀为起点,以理解为基础,以尊重信任为核心,以严格要求为原则的爱,这才是父母给予的真正的爱。这样的爱才能使孩子感受到无限的温暖,成为他积极上进、健康成长的力量。

教育孩子要从自己开始,罗曼·罗兰说过:"要把阳光撒到别人心里,自己心里得有阳光。"让"孩子的一百个世界"这缕阳光使每一位父母树立起真爱孩子的教育理念。

十月怀胎,孕育着美丽的梦想,经过生产的暴风骤雨,做母亲的终于迎来了一个鲜活的小生命。年轻的父母望着他那嫩红的脸庞,幼小无助的身躯,"这是我的骨肉,是我生命的延续"的感情便油然而生。

苏霍姆林斯基指出:"不爱孩子,就无法了解他。教育技巧和全部奥秘也就在于如何爱护孩子。"

哪位父母不爱自己的孩子。但是,爱自己的孩子,连老母鸡都会。关键是该怎样去爱?

娇纵的爱:父母对孩子溺爱娇纵,要什么给什么。有这样一个真实的故事——

C篇 家庭课堂——环境影响一生的成长

一位死囚犯在押赴刑场时对前来诀别的母亲说:"娘,我想吃奶。"这位单身母亲一直心疼自己的孩子,从小就特别宠他。母亲任劳任怨,含辛茹苦,为孩子付出了一切。当她眼睁睁看着自己的亲生儿子就要一命呜呼,毅然答应了他最后的乞求。母亲噙着热泪,趴在地上给儿子喂奶,儿子眼中露出怨恨的凶光,竟然恩将仇报,把母亲的乳头活生生咬了下来。母亲泣血而啼:"儿啊,儿啊,你不报答为娘的养育之恩就罢了,为何还要伤害为娘?"儿子笑道:"娘,这就是儿子对你最好的报答,报答你十八年的养育之恩。如果当初你不宠我,对我百依百顺,儿也不会落到今天这个下场。"

包办的爱:什么事都有父母包办,孩子是衣来伸手,饭来张口。有这样一个故事——

一位家住重庆名叫李杉的女孩,9岁时,她的父母就带她去远在成都的一位音乐教师家学钢琴。每个星期妈妈都带着李杉去成都上一次课。两年多下来,李杉和妈妈坐火车在重庆和成都之间"走"了36万公里路程,这36万公里相当于30个长城,14个当年的万里长征。12岁那年,李杉考上了四川音乐学院附中,她虽然不再像以前那么辛苦地挤火车了,但妈妈为了让女儿学好功课、练好钢琴,毅然放弃了自己的工作来到成都,陪着女儿,和女儿一起向着理想的高峰攀登。可是不久,噩耗传来,李杉的爸爸为了做女儿的坚强后盾,没日没夜加班加点地干,不知疲倦地四处挣钱,结果病倒在床上再也没有起来……

专横的爱:父母不了解孩子的心理,也不讲究方式方法,借助打骂手段来管教孩子。有这样一个真实的故事——

武汉同济大学附属同济医院儿科门诊部。中午1时许,一伙人一路跑着抬来了一位年少垂危的病人,只见他头歪向一边,脸色苍白,呈昏死状。经医生检查,孩子已经瞳孔放大,四肢冰冷,心跳呼吸停止。"尽最大力量抢救!"医护人员不忍看到这朵已经十分柔弱的鲜花在他们面前凋谢,迅速对他进行胸外心脏按压、口对口呼吸、气管插管等,一切能够用上的抢救措施都用上了。小孩的心脏在强刺激的作用下，出现过短暂的微弱跳动，但终因脑部缺氧时间过长，这个名叫夏辉的孩子还是于次日凌晨死亡。这天中午放学时，孩子的父亲夏礼汉到儿子就读的姜家墩小学接他回家吃饭。在校门口等所有的孩子都走光了，仍不见夏辉的影子。一打听，夏辉早上根本没有去学校。夏礼汉怒气冲冲地刚回到家，儿子也丧魂落魄地跟着进了家门。"你到哪里游荡去了？敢不上学！""到……到17中……"儿子怯怯地回答。"到17中去干什么？""……"儿子语塞。"你的书包呢？"父亲见儿子是两手空空地回到家。"被扣在17中了。"夏礼汉大怒，命令儿子跪在地上，又用尼龙绳将儿子拦腰三道，五花大绑，悬空吊在暗楼横梁上，然后将门反锁，骑车到17中去找儿子的书包。半小时后，夏礼汉提着儿子的书包回来了。门一打开，只见11岁的夏辉脑袋歪在一边，瞳孔放大……"儿子，你听得见吗？爸爸在叫你……""我有罪，我该死啊……"一声声撕心裂肺的哭号回荡在整个门诊大厅。

理智的爱：就是建立在科学分析和科学管理基础上的爱。有这样一个故事——

一天，文先生家的玻璃窗被户外飞来的小足球砸得粉碎，弄得满地狼藉。文先生看见一个小男孩拾起足球，仓促地逃离现场。过了一会儿，忽然门外响起轻轻的敲门声。那个仓皇逃跑的小男孩眼里挂着泪水，向文先生表示歉意、请求原谅。看着这个小男孩天真可爱的模样，文先生夫妇亲热地把他抱进屋内，不仅没有责怪，还拿了糖果招待他。后来，一对英国年轻夫妇带着那个小男孩到文先生家，只见他俩冲着文先生夫妇严肃地责问道："你们怎么能这样对待孩子，他做错了事情，理当来赔礼、道歉，你们不仅不责备他一句，反而招待糖果，让他失去了闯祸后的紧张感，这怎么能让他记住教训呢？"接着，这对夫妇旋即转换语气，恭谦地向文先生夫妇征求赔偿的意见。尽管文先生谢绝他们赔偿的意愿，但那对英国夫妇仍明白地告诉孩子，必须按市价赔偿打坏的玻璃，并要求孩子清扫室内破碎的玻璃。这对英国夫妇那种严肃、认真、细致的教育态度和方法，才

是真正的爱孩子。

著名教育专家孙云晓指出:"教育的秘诀是真爱。"

如果说,孩子的到来为这个世界增添了一缕曙光,为家庭增添了一份希望,那么,父母没有理由不去百般呵护他,没有理由不去全心爱护并竭力教育他,使之成为栋梁之材。

爱孩子是一门学问。父母给予孩子的应该是真爱。这种真爱,是以关怀为起点,以理解为基础,以尊重信任为核心,以严格要求为原则的爱,这才是父母给予的真正的爱。这样的爱才能使孩子感受到无限的温暖,成为他积极上进、健康成长的力量。

"孩子是由一百组成的,孩子有一百种语言,一百只手……"这是世界著名的瑞吉欧学前教育系统的创始人马拉古兹的极富教育理念的小诗中的优美句子。

父母把满腔的爱奉献给与他们一起生活、一起玩耍、一起唱歌的孩子,但作为父母,你们都读懂了自己的孩子了吗?知道自己孩子的内心世界吗?父母应该给孩子一种什么样的爱呢?

黄金启示

1.用理智的爱对待孩子。 有些父母只是爱而不教,缺乏要求,缺少理智,过分宠爱。例如,孩子要什么给什么,百依百顺,即使是不合理的要求,也全部满足;孩子的一举一动,无论是好的还是不好的,总认为是完美无缺的;对孩子的吃、穿过分地讲营养讲高档;对孩子自己能做的事,也样样包办代替,等等。这种超过正常限度的爱,就是人们常说的"溺爱"。溺爱的害处很大,会使孩子身心发展产生严重缺陷,给孩子情感、意志、品德、性格方面造成不可挽回的消极影响。娇子如杀子,溺爱放纵子女往往导致悲剧。但也有一些父母,把"严是爱"理解为对子女独断权威式的教育,他们不顾及子女的感受,采取高压政策,家庭气氛比较压抑，压制儿童自由思维，使孩子唯唯诺诺。显然，这也不是理智的爱。

2.用明智的爱关心孩子。爱孩子就要关心孩子的健康、智力、道德、情感及个性等各方面的表现。在家庭中尊重孩子，了解孩子的心理，对孩子的行为既有约束又给以自由思考和活动的空间，家庭气氛宽松平等，善于倾听孩子意见并进行分析，区别对待。对孩子的合理要求给予满足，不合理的要求加以拒绝，绝不因孩子哭闹而"屈从"。要让孩子习惯于接受父母的否定语，如"不能""不行""不去"等，当然父母在使用否定语时，要给孩子讲明道理。爱孩子，很关键的一个问题就是父母的一致性。俗话说：一个管，一个护，到老不上路。如果父母对孩子的态度与要求是一致的，那么这种教育影响将呈现强有力的最佳状态；如果不一致，便可能导致父母威信互相抵消，对孩子培养和形成良好的品德和行为习惯都极为不利。

3.用温暖的爱抚慰孩子。爱意味着尊重每一个孩子的选择，爱意味着尊重每一个孩子的一百个世界。当我们给娇弱的孩子以搂抱和亲吻，使他感到父母的温暖时；当我们给活泼开朗的孩子鼓励和帮助，让他体验父母的亲切时；当我们给胆小的孩子留下无拘无束的空间，使他感到快乐自由时；我们会发现孩子眼中流露出的是欢欣，那目光中有喜悦、有自豪、有羞涩，更有憧憬。

4.用无私的爱拥抱孩子。孩子是由一百组成的，孩子有一百种语言，一百只手，孩子有一百个世界。父母应该知道，对于孩子的呵护和教育，仅仅只有爱是远远不够的，应该用科学的方法教育自己的孩子，父母有权利和义务要给孩子快乐和远大的前途，要让孩子的一百个世界永驻心底。不能以自己的观念看待孩子，不应该将自己的想法强加给孩子，不要强硬取走孩子的一百个世界中的任何一个，不要逼迫孩子按照成人的统一标准行事。只有还给孩子一百个世界，孩子的脑、眼、耳、手才能真正地动起来，孩子才能用整个的身心去建构自己的心智和人格，孩子的眼睛才能越过家庭和社会所筑的"围墙"，孩子的脚步才能越过落后思想和精神的"围城"，走向成熟，最后走向成功。

C—05 信任原则

> **黄金小贴士**
>
> 在信任中长大的孩子,才能充满自信心。

每一个孩子都渴望父母的信任。也许,父母一句信任的话,一个信任的眼神,一个信任的手势,一个信任的微笑,都会给孩子无穷的力量。

在信任中长大的孩子,才能充满自信心。

一次,晓雨参加四年级的歌唱比赛,由于过于紧张,晓雨站在台上面红耳赤,五音不全,形象被"糟蹋"得一塌糊涂。回来后,妈妈却没有安慰他。

"我真为你感到丢脸,你怎么唱成这个样子……"妈妈非常生气地大声说道。

"你看看人家田格实,你为什么不能像他那样?人家多风光啊!得了第一名,你呢?总是害怕这个,害怕那个。我不许你出去玩,你就待在你自己的房间去!"

晓雨受了妈妈的一顿训斥,感到十分沮丧,而且还很没有面子。因为有来自同学、父母的压力,晓雨觉得自己很多时候都比不过别人,自卑感较强。而妈妈在这个时候不但没能给予鼓励,反而愈加打击他的自信。

妈妈不信任的态度让晓雨完全地放弃了努力，认为自己永远是一个失败者。从此，晓雨不愿和同学交往，见了邻居也不打招呼，在家里也不怎么和父母说话，学习成绩一落千丈。

妈妈说"她感到丢脸"，使晓雨认为自己是一个毫无价值的孩子。在妈妈心目中没有地位，不受喜爱。此时，妈妈又表扬同学田格实，拿他与晓雨比较，使得晓雨对自己的能力更加怀疑。在这样极为不信任的态度下，孩子变得越来越自卑。

有一次，妈妈给了肖歌1块2毛钱，让她为家里买一斤面回来。

在我们感觉中，一个只有6岁的孩子，她正处在对一切事物都好奇，都想去试一试的年龄中，让这个时候的她去买东西，她很容易会因为分神，随时忘掉自己的任务，但母亲信任她。而肖歌虽然没有忘掉自己的主要目的，但她还是因为贪玩，一路上东看看，西瞧瞧，1块2毛钱虽然被她紧紧地攥在手心里，但是最后还是丢掉了2毛。钱少了，就不够买一斤的了，站在食品店前的肖歌该怎么办呢？肖歌决定只买半斤。一会儿，肖歌就提着装着半斤面的袋子回来了。

换了另外的父母看到孩子丢了2毛钱，可能会责备孩子，怎么这么不小心啊？在孩子经过"千辛万苦"好不容易才完成妈妈给予的任务后，迎头的却是这样的一盆冷水，孩子的信心可想而知，下一次再让孩子买东西的时候，孩子就会担心再次受到责备而犹豫、找理由推脱。

与之不同的是，肖歌的爸爸妈妈则大加赞赏，虽然女儿丢了2毛钱，但是她没有哭哭啼啼地回来，更重要的是，她懂得用剩下的一块钱把半斤面买回来。

在以后的日子里，爸爸妈妈逐渐把越来越重要的事交给她。而每次，肖歌都没有辜负爸爸妈妈的信任。

可以想象，如果肖歌第一次买面归来，爸爸妈妈不信任孩子，没采取鼓励的办法，而是责备肖歌的话，肖歌是不可能有信心完成一件又一件事情的。

信任孩子，就是要放开一只手，让他自己去走。

黄金启示

1.**多用肯定的语言**。对孩子的成长进步来说，父母说些肯定性的话语比否定性的话语更有效。当孩子害怕与陌生人打招呼时，父母说"勇敢些"，比"不要胆小""不要紧张"更带有激励作用。当孩子缺乏交往信心时，父母说"你应该更大胆些""我已经看到你在进步了"，比说"不要自卑""你进步不慢"等更有效。

2.**信任孩子的能力**。让孩子经常重复"我能""我能行""我自己做"。这是自信心的萌芽。做父母的应该对其进行鼓励，而不是不信任。一天，小青的父母让她去银行存500元钱。小青独自一个人带着这么一"大"笔钱，心中难免有些紧张。从家里出来，沿着墙一直向西，大约1000米的地方就是银行。小青一边走着，一边有点紧张地往四周看看，背上的书包里，就放着爸爸交给她的500元钱。当爸爸把钱交给她的时候，小青本能地想推脱掉这个重任，不是因为怕，而是因为钱的数目太大。"没问题，我们相信你能够做好它！"爸爸鼓励她。"我能行！"小青说。小青的手，因为紧握着书包带而出了一手心的汗，她三步一停两步一回头，直到踏进了银行的门才松了一口气。

C—06 尊重原则

> **黄金小贴士**
>
> 创造平等的家庭关系，关键是父母要尊重孩子。

爱默生指出："尊重孩子，不要过分以家长作风相待，不要侵犯孩子的单独活动。"

孩子和成年人有很大的差异，但在心理上却有一个共同的需求：渴望尊重。

尊重孩子，建立平等的家庭关系。在处理父母与孩子的关系时，我们应始终注意防止两种倾向：一是防止传统封建家教观的影响，一切以父母的意志为转移，扼杀孩子的个性与创造性；二是防止对孩子的溺爱，使她(或他)成为小王子、小公主，娇气、任性，一切唯我独尊。

创造平等的家庭关系，关键是父母要尊重孩子。孩子虽小，也有人格，也要得到尊重，有了做人的尊严才能建立自信心，有自信心的人才会有独立性和创造性，基于这种考虑，父母在处理与孩子的关系时，应该处处体现出对孩子的尊重。

一个周末，寒冬逊夫妇请了一对青年夫妇和他们两岁多的孩子到家里吃晚饭。当这个两岁多的孩子吃饱了，下地要去玩时，孩子的母亲也立即

离开餐桌，蹲下来面对着孩子说："你是不是坐到离餐桌远一点的地毯上去画画？"孩子高兴地坐到那边独自玩去了。

述蒂有一对可爱的儿女，一天，当一家人一同去超级市场时，4岁的儿子因为姐姐先坐进汽车而不高兴时，述蒂在车门口蹲下来，两只手握住儿子的双手，脸对脸地、目光正视着孩子，诚恳地说："罗艾姆，谁先坐进汽车并不重要，对吗？"罗艾姆看着妈妈会意地点点头，钻进了汽车并挨着姐姐坐下了。又有一次，大家一起去公园玩，罗艾姆和姐姐跑跑跳跳，到湖边去看戏水的鸭群时，不小心绊了一跤，眼泪在他的大眼睛里滚动着，马上要流出来了，这时，述蒂又很自然地蹲下来，亲切地对儿子说："你已经不是小宝宝了，是不是？你已经是个大男人了，绊一下是没关系的，对吗？"这时，孩子一下子就收住了眼泪，自豪地玩去了。述蒂谈起自己的教育方式时说："在我小的时候，我的父母亲就是这样同我们说话的。我认为，孩子也是独立的人，只因为他们比我们矮一些，我们就应该蹲下来同他谈话。"

做自己应该做的事，对不应该做的，或暂时不能做的，选择放弃，或者暂时放弃，这是人生选择中的一个重要法则。父母要积极支持孩子的选择，多给孩子以鼓励。

黄金启示

尊重孩子的爱好。父母不应该把父母的喜好强加给孩子，避免孩子在选择上处处受到限制。有个孩子刚上小学时，看到别的同学在学弹琴很羡慕，提出也要学。尽管父母当时很希望他学绘画，但还是尊重他的意愿，很快为他买了电子琴，并坚持不懈地接送他去少年班学习。当他遇到困难要放弃时，这个孩子的父母并没有责怪和训斥他，而是对他所取得的进步给予充分肯定，耐心地给他讲，要取得成功必须要付出艰苦努力的道理，使他逐步树立起自信。后来，这个孩子通过了中央音乐学院的六级考试。这个孩子的父母通过练琴培养了孩子以不懈地努力克服困难、取得成功的自信。

C—07　理解原则

> **黄金小贴士**
>
> 理解孩子,就是要理解孩子的内心世界,了解孩子的需要。

理解孩子,就是要走进孩子的内心世界,了解孩子的需要,尊重孩子的选择。

马斯洛的需求理论包括以下五个层次。

生理需要:食物、衣饰、睡眠、住所等;

基本需要:身心安全与保障、自由、爱、友情等;

尊重需要:自我尊重、他人尊重等;

发展需要:秩序、丰富、活跃、完成、轻松、自我满足、真善美等。

自我实现:成功、价值等。

孩子的每一个阶段,需要是不一样的,马斯洛的需要理论与孩子的成长规律有一定的吻合性。比如,孩子一出生,他只有一种生理需要;随着孩子的成长,需求层次越来越多。

这里先从基本需要谈起。

孩子在父母温暖的怀抱里,在父母大手的牵抚下,有较强的安全感。他们需要被保护,需要安全感,需要爱和归属感,需要一个可以预料的世界。

有个小孩问爸爸:"北京有多少被遗弃的孩子?"爸爸看孩子如此关

心社会问题,十分高兴,于是查资料,把具体的数字告诉了孩子。然而孩子并不满足,仍继续追问:"中国有多少被遗弃的孩子?全世界有多少被遗弃的孩子?"最后,爸爸终于明白,原来孩子关心的并不是社会问题,而是担心自己会不会被遗弃。父母了解孩子的成长规律,就可以拥抱着孩子告诉他,爸爸妈妈永远爱他,这是他的家。根据孩子的成长规律,父母去满足孩子的基本需要,对于孩子的询问,要客观地分析,详细地答复。这样,孩子才会成长得更为健康和快乐。

孩子在成长中,从生理需要到基本需要都获得满足后,他会有新的需要:尊重的需要。这是孩子成长的必经阶段。孩子的这种需要,可分为两类——自我尊重和他人尊重。自我尊重包括对获得信心、能力、本领、成就、独立和自由等的愿望。来自他人的尊重包括这样一些概念:威望、承认、接受、关心、地位、名誉和赏识。

理解孩子,则是从孩子上学阶段开始表现得比较明显和强烈。孩子有幸被选为班干部,他就会特别卖力地做事情,孩子比大人更为珍惜来自他人的尊重,从而变得更为自尊。

刘思逸是小学三年级的学生,今天放学回家后,心情很烦躁。她告诉妈妈:她的女友王珊被推倒在路边一个积满雨水的小沟里了。妈妈没有对此事的细节作更多的询问,而是迅速抓住女儿的情绪状态。她说:"这事一定使你很烦躁。""你对干这事的男孩子们很气愤?""到现在你还在生他们的气?"对于这些话,刘思逸用很重的语气答道:"对!"妈妈又说:"你怕他们也对你那样?"刘思逸坚决地回答说:"让他们来试试!我也拽他们,让他们也尝尝溅一身水的滋味。"于是,她放声大笑,笑她心目中展示的那副把恶作剧的孩子也拽下水沟溅一身水的画面。妈妈也笑了。这次交谈就这样愉快地结束了。

这个例子中,妈妈之所以能轻轻松松地消解了女儿的一肚子烦躁,关键在于她准确把握了女儿感情的脉络。"理解万岁"这句话十分符合人类心灵活动的规律。假如这位妈妈不是努力去理解女儿当时的感情,而是对女儿这样教导一番:"事情已经发生,你生气有什么用呢?""你只知道回到家里来生气，为什么不去报告老师呢？""王珊的事自有她爸爸、妈妈和老师来管，你少生闲气，快做你的作业。"……

如此一来，女儿与妈妈的隔阂就产生了。在许多情况下，父母对孩子情感的理解比对孩子的教导重要得多。

父母对于上学阶段的孩子，可以给予较多的尊重，这会使他们特别欣喜。有位父亲，他进入10岁孩子的书房时，总是轻轻地敲一下门，待孩子让他进去时，他才进去。可见，尊重可以展现在日常生活中的每一个细节。

孩子大多爱笑，他们的自尊心极为脆弱。父母要像爱护眼睛一样爱护他们的自尊心。有个母亲为女儿钢琴大赛报了名，女儿却没参加，原因是母亲自作主张，没有事先征求她的意见。年幼的孩子，可能喜欢听父母的安排；稍懂事之后，他就会渴望父母、老师、朋友的尊重。他的自尊心娇嫩而又强烈，特别需要父母的细心呵护和精心滋润。

黄金启示

1.站在孩子的立场上看问题。 要对孩子有深切的理解，特别是对孩子所见所思及看人看事的角度要有深刻体会。如果不能掌握这个要诀，就会不断做出伤害孩子的行为。

2.于细微处理解孩子的真实感受。 理解是教育的前提，理解孩子必须于细微处着眼。世界上最细腻的莫过于人的思想和感情，能否在具体的情景中把握孩子变化着的真实感受，这是把握教育良机的关键。在与成人的交流中，孩子虽然是纯真的，但也常常是话中有话，其话语中的潜在含义需要我们破译才能被搜寻出来。父母接触的是孩子的语言和外显行为，需要破译、理解的则是孩子的思想和感情。每一位孩子都有他自己丰富、复杂、完整的心理世界，与父母的心理世界有较大差异。在孩子生活和学习的方方面面，在每一具体场合、每一具体问题上，父母都要留心，要于细微处去理解孩子。

C—08 宽容原则

黄金小贴士

宽容，往往比对孩子一味地批评处罚，更能让孩子心悦诚服，给孩子留下较为深刻的印象。

人非圣贤，孰能无过。这是对成人错误的宽容。

我们能宽容成人，为什么就不能宽容孩子呢？

教育孩子就像种庄稼，世界上没有种不好的庄稼，只有不会种庄稼的农民。庄稼在成长过程中出了问题，没有一个农民去埋怨庄稼，相反，总是从自己身上找原因。

其实，孩子在成长过程中，总会出现这样那样的错误，孩子是伴随着错误长大的。

重要的不是孩子是否犯错误，而是父母采取什么样的态度对待孩子的错误。

有人说，这种态度，就像一把双刃剑，既可以刺破孩子的心，留下永恒的伤疤，也可以从中"掘出生命的新水源"。

宽容是一种美德，是互赠的礼品。父母在尤其是在孩子出现品德过失的时候适当地给孩子以谅解、宽容，往往比对孩子一味地批评处罚，更能让孩子心悦诚服，给孩子留下较为深刻的印象。

印度民族英雄甘地在回忆自己的成长过程时说过："是父亲那崇高的宽容态度挽救了我。"他为什么会有这样的感慨呢？

原来，甘地出生在一个小藩王国的宰相之家。从小就爱撒娇，性格也不开朗。他对父母十分顺从，对周围的事物也特别敏感，自尊心很强，一旦被人奚落，马上就会哭鼻子。在学校一挨老师批评，就难过得受不了。少年时期，由于好奇，他染上了烟瘾，后来发展到偷兄长和家臣的钱买烟抽，而且越陷越深。渐渐地，他觉察到自己偷别人的钱，背着父母抽烟的行为太可耻了，一想起来，就觉得无脸见人，内心十分痛苦，甚至还想过自杀。

当他终于忍受不了痛苦的折磨时，便把自己的整个堕落过程写在了笔记本上，鼓足了勇气，交给了父亲，渴望得到父亲的严厉批评、惩罚，以减轻内心的痛苦。父亲看后，非常生气，心情十分沉痛。但是父亲深爱孩子，没有责备他，只是伤心地流下了眼泪，久久地凝视着儿子。甘地看到父亲痛心的样子，受到极大的刺激，更加悔恨、内疚、自责，深感对不起父亲对自己的期望。从此，他痛下决心，彻底改正了错误，走上了正路。从那以后，思想行为上很少出现过失。事隔多年，每当甘地回顾那段经历，总是激动不已，心情久久不能平静。

甘地的事例说明了父母宽容的力量。在特定的情况下，宽容运用得当，以情感激励孩子，比动之以武力更有效。因为这其中包含了父母对孩子的信任和对孩子认识错误态度的肯定。父母在对孩子的品德教育中，尤其是孩子有了过失而又主动认识错误的时候，应当以宽容给孩子以心灵上的抚慰，进而强化孩子改正错误的勇气。而粗暴的打骂未必能够使孩子吸取教训。

有句古谚语："要想公道，打个颠倒。"即使别人错了，也要试图去了解他，理解他。容忍别人，宽容别人，同样能获得信任和支持。

对此，美国著名儿童心理学家基诺德把父母责备孩子的伤害语言归纳

为如下十种。

恶言——傻瓜，没用的东西。

侮蔑——你简直是个废物。

责备——你又做错了事，简直坏透了。

压制——住嘴！你怎么可以不听我的话？

强迫——我说不行就不行。

威胁——我和你爸爸再也不管你了，你想走就走吧！

哀求——我的少爷，求求你不要这么做好吗？

抱怨——你竟然做出这等事，太让我伤心了。

贿赂——你要是都考满分，暑假带你去旅游。你要是考不好，那就在家里修整花园吧。

讽刺——你可真替爹妈争光啊！居然考出40分的成绩。

这十种语言及其态度容易伤害孩子的自尊心，导致父母与孩子关系的紧张，父母必须克制自己的情绪，忌用这类伤害性语言。

基诺德指出，重要的是要多给孩子理解、信任和鼓励。因为缺点、错误给孩子带来了失败的挫折，此时，孩子最需要理解、信任和鼓励，唯其如此，孩子才能走出失败的阴影。

黄金启示

父母要起表率作用。 父母本身具备的品德，一般在孩子身上都能找到。因此，父母首先要为孩子创造一个良好的家庭环境。一个整天吵闹不休的家庭，是很难造就出一个具有和蔼品质的儿童的。父母对他人的热情、平等、谦虚等处世原则和行为，是孩子最好的直观而生动的教材，会在潜移默化中培养出孩子尊重别人、爱护别人、能与别人协调相处的良好品性。

C—09 解放原则

> **黄金小贴士**
>
> 给孩子自由的空间，拓展孩子们的想象力和创造力。

解放孩子，就是要给孩子自由的空间，拓展孩子们的想象力和创造力。

有这么一对年轻夫妇，总是埋怨孩子笨，脑子慢，学习成绩不好，怀疑孩子智力不正常，为此带着孩子去请教一位专家。谁知这位专家和孩子交谈后，给其父母开了这样一个家教偏方："一张笑脸，两句鼓励，三分野餐，需在草地、河边、阳光照耀下全家一起食用。'药'不分剂数，周六、周日常用。"

原来这位专家和那个10岁的小男孩交谈了一个多小时，发现孩子头脑清晰，反应灵敏，用词准确，压根儿看不出孩子有什么不正常。孩子向专家吐露："我每天的生活很枯燥、乏味，早上吃完饭就上学，放学回家吃完饭就写作业，然后睡觉。星期六还得去补习学校上课，有空还要练吹小号。好不容易爸妈说带我出去玩一天，爸爸又说有事。我现在就想玩。"他还悄悄告诉专家："你别跟爸妈说，我特想看动画片，爸妈一回家就打开电视看股市行情，不让我看。"根据孩子的诉说专家得出结论：孩子一切都很正常，不正常的反倒是孩子的父母，于是开出了上述家教偏方。

父母对孩子的学习都很重视，一遇到孩子贪玩，便严字当先，或斥责或打骂。殊不知，玩是孩子的人性，世间有些发明创造就是天真的儿童玩出来的。

1816年，在法国巴黎，一群孩子围着一堆木头做游戏：一个大一点的孩子用大铁锤在木头的一端敲打，其余的孩子在另一端把耳朵贴在木头上听。这时，法国医生勒内·雷奈克刚好路过，也凑过去把耳朵贴在木头上，立即有清脆的敲击声传入了他的耳朵。耳朵一离开木头，声音立即变得微弱了。于是，勒内以此原理试着做了一个木管子给病人听诊。后来，他又做了一个喇叭形的象牙管，上面安装两根柔软的管子，世界上第一个听诊器便由此诞生了。

1821年，德国一个小女孩拿木梳在家门口玩，无意中把两张纸片一上一下贴在木梳上，然后放在嘴边轻轻一吹，竟然发出"呜里呜里"的声音。这时，一位音乐家正好路过，兴致勃勃地观看了这个小女孩的杰作，并按小女孩的木梳和中国古代筚篌的发音及罗马笛的发音吹奏原理，用象牙制作了世界上第一只口琴。

16世纪末，荷兰的一位眼镜商，有一个聪明好动的儿子，很顽皮。这个孩子经常到磨镜房玩耍。一天，他和磨镜片的工人一起玩镜片游戏，他把近视镜片和老花镜镜片放在一起，想看看镜片的变化。他一会儿拉开一点距离，一会儿又放近一点。当他一前一后举起镜片向前望时，不由得惊奇地大叫起来。原来，透过两层镜片，远处的景物被拉在近前了。眼镜商人从儿子的游戏中发现了镜片的奥妙，望远镜就这样发明了。

孩子的爱好，通常是与玩糅合在一起的。玩出兴趣就有提高的欲望，就有钻研的劲头，于是逐渐向专深发展，创造出成绩来，玩耍—兴趣—专长—人才，儿童往往就是这样走上成功之路的。美国飞机发明家莱特兄弟在《我们是怎样发明飞机的》这本书中耐人寻味地回忆道："我们对飞机最早发生兴趣是从儿童时代开始的。一天，父亲给我们带回一个玩具，用橡皮筋作动力，使它飞入空中，我们就照着这个玩具仿制了几个，都能成功地飞起来……"就是这个能飞的玩具，使莱特兄弟玩得非常入迷，并引发了制造飞机的想象。后来他们几经周折，让世界上第一架真正的飞机飞上了蓝天。其中，他们在飞机上使用的螺旋桨，就是年少时玩具上的那种螺旋桨。玩使莱特兄弟受到了启发，从而发明了飞机。

作为父母，不要泯灭孩子好玩的天性。玩，使孩子拥有一份好奇心是创造的驱动力，没有驱动力，一切创造发明都不可能成为现实。

可是我们却往往没有注意到这一点。我们可以从玩中发现孩子特殊的才能和天赋，如果能够因势利导地培养、强化这种兴趣，就可以培养出孩子特殊的才能，使孩子在某些方面有所突破，作出特殊的贡献。如英国伟大的数学物理学家麦克斯，在数学方面的天赋就是他的父亲发现和培养出来的。有一次，他偶然发现儿子画的画很特别，引起了他的注意。儿子画了一个插菊花的花瓶，但是所有的菊花和图形都是由几何图形组成的，大小不一样的三角形的叶片，它们的形状搭配得非常巧妙。父亲非常惊异地发现儿子对几何图形的控制能力，继而不断地启发引导，使他很快对数学入迷，终于成为一代杰出的数学物理学家。

玩，是一种主动学习的态度，玩可以培养动手能力，可以启发兴趣爱好，还可以从玩中发现问题，培养主动性。有许多有特长的孩子，就是在课余时间玩自己爱玩的东西，从而有了小发明小创造。

黄金启示

1.**不要管得太宽太细，避免对孩子进行过度保护**。有的父母在关心孩子安全的幌子下，将孩子管得很死，使孩子在父母的支配下，处事胆小，性格懦弱。

2.**给孩子玩耍的空间**。不要以为孩子太小，不需要自己的空间，并且会将空间弄得乱七八糟。其实，孩子也需要自己的游戏空间，一个好的游戏空间，能吸引孩子想玩的兴趣。

C—10 赖莱法则

黄金小贴士

纪律只有在自觉遵守的情况下才会成为真正的纪律。

我们每个人都是生活在法纪之中。世上没有绝对的自由,自由和纪律是相统一的。

美国管理学家A.C.赖莱指出:"管理当局应下发规定严明的纪律及自我应遵守的纪律,这样才有利于组织目标的实现。"后来,人们把其称为"赖莱法则"。

一位骑师精心训练了一匹好马,骑起来得心应手。只要他把马鞭子一扬,那马儿就乖乖地听他支配,而且骑师说的话,马儿句句都明白。骑师认为用言语指令就可以驾驭住它了,再给这样的马加上缰绳是多余的。有一天,他骑马外出时,把缰绳解掉了。马儿在原野上驰骋,开头还不算太快,仰着头抖动着马鬃,雄赳赳地高视阔步,仿佛要叫他的主人高兴。但当它知道约束都已经解除了的时候,英勇的骏马就越发大胆了。它目若闪电,头脑充胀,再也不听主人的驾驭,越来越快地飞驰在辽阔的原野上。

不幸的骑师,如今毫无办法控制他的马了,他想用笨拙而颤抖的手把缰绳重新套上马头,但已经无法办到。失去羁控的马儿撒开四蹄,一路狂

奔着，竟把骑师摔下马来。而它还是疯狂地往前冲，像一阵风似的，路也不看，方向也不辨，一股劲儿冲下深谷，摔了个粉身碎骨。

"我可怜的好马呀，"骑师好不伤心，悲痛地大叫道："是我亲手造就了你的灾难，如果我不冒冒失失地解掉你的缰绳，你就不会不听我的话，就不会把我摔下来，你也就绝不会落得这样凄惨的下场。"

纪律来自于自我控制。一个人必须控制住自己的情绪与行动，因为，当你在镜子里看到自己时，他既是你最好的朋友，也是你的最大敌人。

黄金启示

把对孩子的严格要求与父母的以身作则相结合。孩子是正在成长中的人，大人的一切言行都会成为孩子模仿和学习的榜样。父母要做出表率，以自己的身体力行引导孩子养成良好的日常行为习惯。

C—11 比马龙效应

> **黄金小贴士**
>
> 你希望孩子成为一个什么样的人,他就可能成为一个什么样的人。

"比马龙"是著名作家萧伯纳笔下的主角,一位塞浦路斯王子,由于青春年少,所以经常幻想跟一位美女相约出游。也许是越想越真吧!他竟然请来了多位雕刻师,依他描述的形象,雕了一座美女塑像,朝夕相处。如此的真情感动天上的神,于是赋予塑像生命,让她和王子结婚,这就是塞浦路斯人的由来。

后来才由罗桑沙和另一位心理学家,将其意义引入教育的理念中,形成了"比马龙效应"。

孩子从小到大,在其成长的过程中,浸透了父母的一腔热血,无论养出什么样个性的孩子,都希望他们展露才华,出人头地,有些孩子小时候非常聪明伶俐,长大后却没什么成绩,才智平平;有些孩子在很小时候,就被认作"捣蛋鬼"不受欢迎,长大后却在他的领域里干有所长;而有些孩子正如老师和父母预言的那样,一步一个台阶,茁壮成长,蒸蒸日上。

"比马龙效应",真正的意思是说:当父母或老师预言某些学生将会出现特殊的好行为时,这些学生便将展露出老师所预言的才华;反之,老师如果预言学生是难雕的朽木,学生的表现必将腐朽不堪。如果将这样的联想,移植至教养的理念上同样如此。也就是说,"汝心信其可行,虽移山倒海之难,孩子也能轻松做到;汝心信其不可行,虽摧花折木之易,孩子也难有所成。"

以社会心理学来说,这种先入为主的成见,则称之为"自我实现的预言"。

寒冬,今年8岁,读小学二年级,是独生子,可以想象他在家中的地位,但寒冬的爸爸并不总是娇惯他,平常教他一些生活中的常识,以便让他的生活能力增强一些。寒冬无论做什么都很投入,很努力,这一点父亲是最放心的。所以,平时做练习或写作业,父亲都很放心,他相信寒冬会做得很好。

快要考试了,寒冬的爸爸决定减少外出游玩的时间,不让孩子分散精力。爸爸问寒冬:"这次考试觉得怎么样?""没什么不同。"寒冬回答。"那就好,有信心取得好成绩吗?""有!"望着寒冬自信的神态,加上平时的用功,爸爸想这次考试和上次没什么不同吧。果然,寒冬又考了个好成绩,成为全班第一名,被评为优秀学生。爸爸平时的鼓励和关怀,都作为孩子成长的动力,激励孩子健康成长。

你愿意充当那位坚持信念,至死不渝的"比马龙",让孩子成为"可变"的美女塑像吗?相信你一定愿意,那么何妨给孩子一些"肯定"的自我预见呢!多了解孩子的性格特点,分析他的长处、短处,相信孩子的能力并给他一定的机会进行锻炼,当这种能力聚积在一起时,自然会放射耀眼的光芒。"比马龙效应"就会出现。

每个人都具有天天向上的本能和把事情做好的自信。我们要学会并善于保护、培育、发展我们的自信。当前,竞争的环境摆在每个人的面前,竞争的结果就会公平地对待每一个胜利者和每一个失败者。在学习和工作中,人人都会面对成功和失败。当我们是胜利者时,最期待的是长辈的肯定与赞许,当我们受到挫折时,我们幼小稚嫩的心灵需要父母的理解和抚

爱，这时，如果我们能甩掉思想的包袱，吐出心中的一口闷气，大声地告诉自己"我能行，只要我继续努力，我肯定能做得更好。"那一定可以增强我们的自信，使自己从挫折、失败的阴影中走出来，从而更加坚强地接受挑战。

我们是在一无所能的情况下，瞄准"万能"的成人世界，开始万里跋涉的。从最基本的技能学起，希望有一天能自立，能够成为家庭、社会中称职的一员。

黄金启示

学会正确认识自己。发现自己的天赋和兴趣，勇敢地参加集体活动，大胆地说出自己的想法，有进步就及时勉励自己再接再厉。这样就会自觉不自觉地重新认识自己的能力和价值，增强自信，从而引发潜在的积极性。试着大胆交朋友，使别人感到自己是真诚的。告诉自己正确看待优缺点，正确承认、对待自己的不足，懂得每个人都有缺陷，但并不代表有缺陷的人就不是优秀的人。

C—12　多米诺现象

黄金小贴士

当孩子在错误或坏事刚冒头的时候，就加以制止，不任其发展。

据中国《正字通》记载，宋宣宗二年(公元1120年)，民间出现了一种名叫"骨牌"的游戏。这种骨牌游戏在宋高宗时传入宫中，随后迅速在全国盛行。当时的骨牌多由牙骨制成，所以骨牌又有"牙牌"之称，民间则称之为"牌九"。

1849年8月16日，一位意大利传教士把这种骨牌带回了米兰。作为最珍贵的礼物，他把骨牌送给了他最美丽的女儿小多米诺。但传教士怎么也想不到，正是这副骨牌，使他的名字——多米诺，成为一种世界性体育运动的代称。

不久，小多米诺就喜欢上了这种骨牌，因为她发现了骨牌的新玩法，她按点数的大小以相接的方式把骨牌连接起来。在玩骨牌游戏的时候，小多米诺发现它可以很好地锻炼人的意志和耐力。

小多米诺的男友阿伦德是个性情浮躁的人，小多米诺就让他把28张牌一张一张地竖起来。如果阿伦德不能在限定时间把28张牌码完，或者码完的牌倒下了，小多米诺就限制他一周不许参加舞会。经过七七四十九天的

磨炼，阿伦德的性格变得刚毅坚强，做事时也变得稳健沉着。

　　传教士多米诺为了让更多的人玩上高雅的骨牌游戏，制作了大量的木质骨牌。不久，木质骨牌就迅速地在意大利及整个欧洲传播，骨牌游戏成了欧洲人的一项高雅运动。后来，人们为了感谢多米诺给他们带来这么好的一项运动，就把这种骨牌游戏命名为"多米诺"。

　　到19世纪，"多米诺"已经成为世界性的运动。在非奥运项目中，它是知名度最高、参加人数最多、扩展地域最广的体育运动。从那以后，"多米诺"成为一种国际性术语。不论是在政治、军事还是商业领域中，只要产生一倒百倒的连锁反应，人们就称其为"多米诺效应"。

　　在教育孩子的过程中，如果能做到防微杜渐、亡羊补牢，那么就算不能完全防止"多米诺效应"的发生，也可以把它的影响降到最低。

　　"防微杜渐"能让人们及时堵塞漏洞，防止危机的发生。但大部分时候，人们想做到"防微杜渐"并不是一件容易的事。由于变化是渐进的，一年一年地，一月一月地，一日一日地，一时一时地，一分一分地，一秒一秒地渐进，犹如从很缓的斜坡走下来，人们很难察觉其递进的痕迹。正是由于这种不知不觉的变化，警觉性不高的人很难预防。这种过程慢得不易使自己感知，也不易使别人察觉。但越是这样越可怕，因为它往往被一些不起眼的事物所掩盖。

　　虽然人们总是希望在危机之前做到"防微杜渐"，但要想完全消除一切隐患却是不太现实的，我们可以在隐患刚开始出现的时候做到"亡羊补牢"。

　　"亡羊补牢"的故事出自中国史书《战国策》。在战国时期，楚国有一名官员叫庄辛，有一天他对楚国君王说："大王在宫里和一些人奢侈淫乐，不管国家大事，如果大王不远离他们，楚国迟早有一天会灭亡啊！"

　　楚襄王听了，很不高兴，骂道："你老糊涂了吗？故意说这些险恶的话惑乱人心！"

　　庄辛不慌不忙地回答："臣只是感觉事情一定会到这个地步，不敢故意说楚国有什么不幸。如果大王还一直宠信这些人，楚国一定会灭亡的。如果大王还是不信我的话，请允许我到赵国躲一躲，看看事情究竟会怎样。"

庄辛到赵国才住了五个月，秦国果然派兵攻打楚国，楚襄王被迫流亡到阳城。这时候，楚襄王才觉得庄辛的话说得很对，于是赶紧派人把庄辛找回来。当庄辛回到阳城，楚襄王问他还能有什么解救办法时，庄辛很诚恳地说："臣听说，看见兔子牙想起猎犬，这还不晚；羊跑掉了才补羊圈，也还不迟……"

孩子的成长过程中，不可避免地会犯许多错误，关键是要正视这些错误，改正这些错误。

黄金启示

1. 及时帮助孩子改正错误。 孩子做错了事应及时进行教育，今天的事今天办完。事过境迁再进行教育，会使孩子失去真实感。父母应以理服人，孩子做错了事，在进行教育时，必须"晓之以理"，使孩子明白所做的事情为什么不对。

2. 父母的批评不应重复。 孩子做错了事，应当避免多次重复地教育。如父亲说过了，母亲又接着说；今天说过了，明天又接着说，这样容易伤害孩子的自尊心。对比较敏感的孩子应当特别注意。

3. 父母的教育应前后内外一致。 教育必须保持一贯性。切忌在自己心情好的时候，见孩子做了错事也不进行教育，心情不好时则进行责备、训斥。教育又必须保持一致性。如果对一种行为表现，母亲说对，父亲说错；今天说错，明天又说对，这会使孩子无所适从，只有看父母的脸色行事。孩子做错了事，能在家里进行教育的，不必拿到外面去。有的父母常吓唬孩子说："明天我到学校去告诉你的老师。"这样会使孩子产生恐惧或不信任感，其结果并不理想。

4.父母的教育要掌握分寸。孩子犯了错误,父母如果批评过于严厉,会挫伤其自尊心,甚至引起反抗;而如果批评不力,平平淡淡又不能震撼其心灵,他就会觉得无所谓。因此,父母必须从爱护孩子出发,一语道破地严肃而又中肯地指出其错误所在、错误的性质和危害,彻底揭穿其找借口抵赖的心理,并帮助他找出今后改正的办法。这样做,一般就可以达到批评的目的。

C—13　放手原则

> **黄金小贴士**
>
> 明智的父母，应当鼓励孩子自立，让孩子根据自己的条件，尽量地培养自立能力，发挥自己的潜能，使自信心在能力的支柱上成长。

有的父母凡事不放心，对孩子保护太多，不肯放手，这样就破坏了孩子自我意识的良好发展，使孩子缺乏独立性，直接影响了孩子适应社会的能力。例如，某报曾报道有个学生通过了出国留学考试，但他一想到出国后没人给他洗衣服、没人照顾他的生活就感到恐惧，最后竟放弃了出国的机会。

对孩子过于溺爱和保护是使孩子形成依赖性人格的温床。心理学家霍妮在分析依赖性人格时，指出了这种类型的人的几个特点：

（1）深感自己软弱无助，有一种"我多渺小可怜"的感觉。当要自己拿主意时，便感到一筹莫展，像一只迷失了港湾的小船，又像失去了母爱的灰姑娘。

（2）理所当然地认为别人比自己优秀，比自己有吸引力，比自己更高明。

（3）无意识地倾向于以别人的看法来评价自己。有依赖性人格的人缺乏自信心，总是依靠他人来作决定，终生不能负担起选择、接受各项任务，工作缺乏责任心，影响自己的生活、前途。具有这种性格的人显然无

法适应当今的社会生活。

该松手时便松手，其实是一种独到、高超的家庭教育艺术。舒乙先生在忆及老舍当年对他的教育时曾写道："他很爱带我去访朋友，坐茶馆，上澡堂子。走在路上，总是他拄着手杖在前面，我紧紧地跟在后面，他从不拉我的手，也不和我说话。"那年舒乙才8岁，但老舍已经"松手"，让孩子自己用眼、用心观察这个世界。舒乙说："直到现在，一闭眼，我还能看见那双歪歪的鞋跟。不必担心，不必说话，我却能知道整个世界。"从中我们大抵可以感悟到，"该松手时便松手"是如何影响孩子一生的成长的。

黄金启示

1.**为了培养孩子自立的能力，父母要放手让孩子去做事**。孩子都有探索并适应周边事物的与生俱来的天赋，有着渴望学习新本领的需求，尽管他们初次的行动常常是笨拙的、不正确的。如果当一个充满活力的幼儿第一次对母亲说"让我来做"的时候，母亲却在孩子的笨拙与自己的一步到位之间选择了后者；并对孩子说："不行，你还小，等你长大了再干。去别处玩吧，乖，别碍事儿。"日复一日，年复一年，当我们再说"你已经长大了，能帮妈妈做点事了"的时候，他们却已习惯于"到别处去玩"，懒得"碍事"了。

2.**不要为孩子做任何他自己可以做的事**。父母希望能给孩子提供一切能保障他们幸福的东西，但幸福是要依靠孩子自己争得的，我们没有办法给他们买幸福保险。如果说有，那就是树立孩子对自己的信心，培养孩子各方面的能力，而不是用不恰当的爱阻止孩子锻炼自己。孩子们需要一定空间去成长，去试验自己的能力，学会如何对付危险的局势。不要为孩子做任何他自己可以做的事。如果我们过多地做，就剥夺了孩子发展自己能力的机会，也剥夺了他的自立能力及自信心。明智的父母，应当鼓励孩子自立，让孩子根据自己的条件，尽量地培养自立能力，发挥自己的潜能，使自信心在能力的支柱上成长。

C—14 榜样原则

> **黄金小贴士**
>
> 父母是孩子的第一任老师,家庭是孩子受教育的第一场所。孩子把父母看作是自己学习的榜样,父母的言行直接影响到孩子的成长。

榜样法则,就是父母对孩子言传身教,树立榜样。

当今社会,父母望子成龙、盼女成凤的心情尤为迫切。当孩子能上幼儿园时,就开始考虑为孩子选择什么样的培训班,请哪一方面的家庭教师,经常是节衣缩食为孩子慷慨解囊。随着我国经济和社会发展水平的提高,家庭经济状况普遍得到改善,人们在对孩子教育方面的投入也逐步增加。但在家庭智力投资上有一共同点值得关注,就是投资培养的对象主要是孩子,父母自身往往不在其列。

曾经看过一期电视节目,说的是一位下岗女工,因孩子英语差而揪心。为了鼓励孩子学好英语,她自己从26个字母学起,并四处拜师学习。孩子在她的影响下,也不甘落后,后来取得全国英语大赛一等奖。而这位下岗女工,也成了一家民办教育集团的英语老师。

看了这期节目,我思考了很久。我们怎样做父母?怎样给孩子树立榜样?怎样帮助孩子?

苏联著名教育家马卡连柯曾经说过:"一个家长对自己的要求,一个家长对自己家庭的尊重,一个家长对自己每一个行为的举止的注重,就是对子女最首要的、也是最重要的教育方法。"

当孩子稍稍懂事以后,对世界的好奇心会促使他们不断地提出各种各样的问题。爱读书学习的父母不仅能够很好地回答孩子提出的问题,能给孩子讲许多有趣的故事,懂得揣摩孩子的心理,善于发现孩子身上的闪光点,而且还能够科学地指导孩子的学习和生活,亲子关系融洽,家庭气氛温馨,孩子因而健康、聪明、活泼。相反,如果父母不注重对自身的智力投资,不喜欢看书学习,提高自身素质,在对孩子的教育上往往陷于盲目,随大流,或是仅出于自己的一厢情愿,不能敏锐地发现自己孩子的特长,因而也就很难充分发挥孩子的潜能,不利于孩子今后的成长。

父母的威信是对孩子进行有效教育和孩子自觉接受父母教育的前提条件和重要保证。加强对自己的智力投资,注重提高自身素质,有助于维护并提高父母在子女心目中的威信,子女因此也更愿意接受其教育,成效也较为显著。如果你在孩子面前老是一问三不知,尽管表面上孩子仍然怕你,但实际上你在孩子心目中的威信已经渐渐地丧失了。

如果父母喜欢搓麻将,子女大多喜欢玩电子游戏机,跳舞、打牌的比例也较高;父母喜欢看书报杂志、听音乐,子女一般喜欢学电脑、听音乐。父母自己重视学习,认真读书追求知识,子女大多也努力学习,父母认真学习,也为孩子热爱知识、热爱学习树立榜样。父母的这种行为方式,既树立了父母在子女心中的地位、威信,也使父母掌握了教育的主动权。有的父母晚上聚集了几个人在家里打麻将,而叫孩子在那刻苦攻读,学习文化课。孩子心里怎么想呢!还有的父母,即使读小学的孩子问他问题也一问三不知。父母的文化水平影响着父母教育的敏感性和对教育知识的学习、理解和运用,影响家庭教育的效果。进入初中的孩子爱打扮,更多地喜欢照镜子或外来电话增多,有的父母能意识到这是孩子青春期的来临,能在心灵上与子女更多地接近,了解他们成长的烦恼,帮助他们安全地度过这一段时光；有的父母就不一定或不能认识到这是一种正常的反应，而指责孩子"臭美""不学好"等。父母的文化水平高并不等于说就掌握了教育知识，文化水平高的父母也要学习教育知识。父母要根据自己的实际情况，结合家庭教育实践的需要，有选择地掌握有关子女教育的各种知识，如家庭教育学、儿童心理学、社会学、生理学、人才学等各方面的知识。

父母教育子女是一种"包罗万象"、最复杂的工作。对于这种工作并不是轻易就可以胜任的，父母必须学习必要的知识。具备一定的文化素养一般是父母素质的构成部分，也是教育子女的基础。

父母的学习不同于在校学生的学习，其学习内容的多少、进度的把握、理解的深浅完全取决于父母本人。大部分父母都有自己的一套对子女教育的观念和看法，而且其价值都已相当固定。但在家庭教育的实践过程中，他们又常常处于矛盾状态，既想遵循传统，又想追求新观念、新思想；既对自己的能力有些信心，却又常显得缺少自信；既想学习，又认为自己"差不多"。父母的学习动机明确，具有主动权，但又因各种角色冲突或事务的繁忙而不能专注，学习缺乏持续性；父母的学习常以"立即应用"为学习取向；父母对学习的方法及形式有极强的选择性，有的习惯于"听大课"，有的喜欢自己看书或自学，有的乐于向专家个别咨询，有的愿意从大众传媒中学习。

父母是孩子的第一任老师，家庭是孩子受教育的第一场所。孩子把父母看作是自己学习的榜样，父母的言行直接影响到孩子的成长。以前，人们常用"某某人出身书香门第"来反映此人知书达理，受过良好的家教。这说明了家庭浓厚的文化氛围对孩子的熏陶作用得到了世人的认可。如果为人父母却不愿学习，家庭缺乏良好的学习氛围，那么孩子对学习的兴趣和自觉性将会降低，进而影响到他们在学校的学习热情。

未来的社会是学习化社会，家庭也将是学习化家庭。亲子共同学习、共同成长是必然的方向。父母在家庭智力投资方面也应将自己考虑进去，保证自身素质的提高。父母应把自我投资、自我提高作为家庭教育的重要内容。

黄金启示

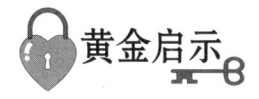

父母要提高自身素质。

主要有以下几点。

品德素质。包括思想素质、政治素质、法律素质和道德素质,这四种是相互紧密联系的素质。父母应该在科学的人生观和世界观基础上形成正确的价值观。自己有正确的人生追求,愿意把自己的一切潜力,贡献给人民和人类的进步事业,以此来实现人生价值;树立牢固的、坚持党的基本路线不动摇的坚定信念,具有热爱祖国,热爱集体,热爱社会主义的认识、情感和相应能力;具有民主和法制观念,了解法律规范,并有相应的运用能力;具备以"五爱"为基本要求的道德品质和行为规范。

智能素质。比较扎实丰富的科学文化知识;完善的认知能力及相应的技能技巧。

审美素质。具有不断提高着的审美意识、审美能力和按照美的规律创造美的物质和精神产品的能力。"以美启真""以美储善""以美促健",通过审美的和谐、平衡、愉悦的功能塑造自己完美的人格。

自主性素质。发展独立性、主动性和创造性的主体性人格,对客观世界具有自主的意识和能力,对主观世界具有自我教育的意识和能力。

父母的基本素质高了,是搞好家庭教育的一个重要基础。如能发挥好的榜样作用,会产生强烈的教育子女的意识,有利于掌握家庭教育的科学和艺术,等等。

但是,现实生活常常告诉我们,有些父母虽然自身基本素质高,但是并没有教育好孩子。原因是家庭教育是一门教育科学和艺术,仅仅有良好的基本素质还不够,还必须在基本素质之上努力地构建在家庭中所必需的教育子女的素质。

C—15 黑票作用

黄金小贴士

父母的责任在于发现其身上的其他好品质，帮助其克服消极的痼疾，改变自己的形象。

父母要始终注意自身形象，不要因为自己的不慎或违法乱纪行为，给孩子留下一个坏印象，从而给自己开出一张黑票，降低了孩子对父母的可信度。

拉蒙·卡哈是举世瞩目的神经组织学家，被称为"西班牙王国上空一颗光辉灿烂的巨星"。他的父亲是一名外科医生，后来，经过勤奋自学当上了萨拉大学应用解剖学的教授。卡哈小时候调皮，酷爱绘画，还喜欢养鸟、舞弄刀剑和玩打仗游戏。他讨厌当时学校的严厉教规，把它称为"恐怖统治"。他表现得极不驯服，有时竟被关学堂、饿饭等。学期结束归家，对他来说如获解放一般，高兴极了。

有一次，他决定利用学得的知识，造一门"真"的大炮，并向邻居小朋友显显身手。然而，没想到这门"真"的大炮一发射，真的产生了不小的威力，把邻居家的孩子给打伤了，闯下了大祸。邻居们对他产生了很坏的印象，认为这是个不可救药的孩子，把他告到警署。卡哈除了被罚款外，还被警方拘留，挨了三天饿。父母亦对他十分生气。卡哈从拘留所出来

后，父亲让这个没治的"坏"小子辍学，先送去学理发，后又学补鞋子。

父亲毕竟是一个有远见卓识的人，自从给孩子停止学业后总在扪心自问：做了一次坏事，给予极端的评价与处罚，难道孩子真的一无是处、不可救药吗？这样做对孩子的成长有利吗？孩子闯祸要管教，但能因此而因噎废食吗？

一个个问号，像一记记重锤，打在他的心坎上，使他思索，然后清醒。一年后，当父亲的他终于把孩子从补鞋铺里接回了家。他深情地搂着孩子说："爸爸做得不对，不该因为你闯了一次祸而中断你的学习，从现在起，你就在我身边学习吧，你会有出息的。"

从此以后，父亲自己担起教育儿子的责任。他教孩子精心学习骨骼学。父子俩一起到墓穴中去挖枯骨。没想到骨头的奇特形状一下子抓住这个"顽童"的心，他随之提出了一系列问题，打破砂锅问到底。与此同时，他还精心描绘了许多解剖图。3年后，17岁的卡哈制作的解剖图是如此的逼真，以致他父亲执意要出版他的作品，只是当时没联系上出版商才作罢。卡哈勤奋努力不止，最终登上了诺贝尔医学奖的领奖台。

一次坏印象如同一张黑票，把卡哈给否定了。要不是父亲清醒反思，险把巨星当鞋匠。

所谓"黑票作用"，是指不管一个人具备任何品质，只要有一种极端消极的坏印象，就把这个人的其他好品质都一票否决掉。

孩子在一些消极的行为背后，一定有许多值得的父母反思的问题，不能因此把可塑性很强的孩子一棍子打死，而应反思自己，以积极的态度帮助孩子。

黄金启示

身教重于言教。父母要始终注意自身形象，不要由于自己的不慎或违法乱纪行为，给孩子以极端消极的坏印象，从而开出一张黑票，降低了孩子对父母的可信度。有时，孩子对父母的黑票印象，终身难以消除，造成家庭关系的长期不睦。

C—16　鹅卵石的启示

黄金小贴士

对于教育孩子过程中不同的知识和能力，我们需要按重要性和紧急性的不同组合确定学习的先后顺序，做到鹅卵石、碎石子、沙子、水都能放到罐子里去。

许多父母在教育孩子的过程中，常会因自私和虚荣而追求徒有的虚名，而结果常常是用表面的好心换来大家的伤心。所以，明智的父母应该为孩子营造宽松自由的成长空间，舍弃自己的私心和虚荣，这样才可能换来孩子坚实的成长和发展。

教育的过程和化学反应的过程非常类似，在一个漫长的过程中，不同时期的不同选择，造就了不同的结果。在选择教育孩子的方式的时候，我们常常会受到各种各样的外界影响，最后，孩子的教育没有轻重和先后的分别，这样的教育就像一个没有预期的化学反应，我们不可预知他的将来。

有一个关于鹅卵石的故事揭示了父母选择教育顺序的重要性。

在一节课上，教授在桌子上放了一个装水的罐子。然后又从桌子下面拿出一些正好可以从罐口放进罐子里的鹅卵石。当教授把石块放完后问他

的学生:"你们说这罐子是不是满的?""是。"所有的学生异口同声地回答说。"真的吗?"教授笑着问。然后再从桌底下拿出一袋碎石子,把碎石子从罐口倒下去,摇一摇,再加一些,再问学生:"你们说,这罐子现在是不是满的?"这回他的学生不敢回答得太快。最后班上有位学生怯生生地回答道:"也许没满。""很好!"教授说完后,又从桌下拿出一袋沙子,慢慢地倒进罐子里。倒完后,于是再问班上的学生:"现在你们再告诉我,这个罐子是满的呢,还是没满?""没有满。"全班同学这下学乖了,大家很有信心地回答说。"好极了!"教授再一次称赞这些"孺子可教也"的学生们。称赞完了后,教授从桌底下拿出一大瓶水,把水倒进看起来已经被鹅卵石、小碎石、沙子填满了的罐子。当这些事都做完之后,教授正色地问他班上的同学:"我们从上面这件事情中得到什么重要的启示?"

班上一阵沉默,然后一位自以为聪明的学生回答说:"无论我们工作多忙,行程排得多满,如果要逼一下的话,还是可以做很多事的。"

教授听到这样的回答,点了点头,微笑道:"答案不错,但并不是我要告诉你们的重要信息。"说到这里,这位教授故意顿住,用眼睛向全班同学扫了一遍说:"我想告诉各位最重要的信息是,如果你不先将大的鹅卵石放进罐子里去,你也许以后永远没机会把它们再放进去了。"

对于教育孩子过程中不同的知识和能力,我们需要按重要性和紧急性的不同组合,确定学习的先后顺序,做到鹅卵石、碎石子、沙子、水都能放到罐子里去。

黄金启示

1. 及早把孩子成长过程中的问题化解。对于孩子成长旅途中出现的事件也应如此处理,也就是平常所说的处在哪一年龄段要完成哪一年龄段应完成的事,否则,到了下一年龄段就很难有机会补救。我们常常重视孩子的

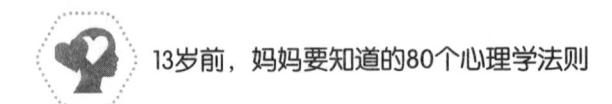

成绩，看重孩子的分数，其实，孩子良好的道德伦理和精神信仰以及心理状态，还有一些重要的观点和信念等这些为人的根基就像鹅卵石一样，如果不在最早的时候告诉孩子，也许他的一生将永远不能再装下这些已然错过的财富！

2.给孩子一个充满爱的环境。 无论是怎样的成长环境，幸福和睦的家庭是孩子成长的最好选择，在舍得之间，我们需要尽一切可能舍弃浮华的虚荣和自私。在每个人的成长的过程中，有一种东西我们永远都不能舍弃，它就像化学反应中的催化剂，没有它的存在反应将不会发生，我们也就不可能在成长的过程中获胜，那就是在我们的家里永恒荡漾着的爱的阳光。正是这种真诚和温暖的力量，使我们在任何时刻都对自己充满希望；正是这种真诚和温暖的力量，为我们提供了强大的动力，支持每个人去超越每一个看似遥远而又迷人的梦想。

习惯课堂
——习惯决定孩子的命运

D篇

D—01　斯万高利效应

> **黄金小贴士**
>
> 一个人的一生不可能一帆风顺,遭遇挫折与失败是难免的。对待挫折与失败的正确态度是:保持积极乐观的心态。

人的一生中,并不都铺满鲜花,也有荆棘。挫折也并非是坏事,它是人生智慧的保姆,是强者的磨刀石,是人生极其珍贵的财富。

在美国的亚利桑那州博览会上曾展示出一副名叫"斯万高利"的魔术牌。这是一副既简单又叫人着迷的牌。表演者先将牌摊开让你看清每张牌的牌面都是不同的,而后让你随便抽出一张,假若你抽到的是一张红桃K,你不用告诉表演者抽到的是什么牌,然后把红桃K塞回到整副牌中,表演者任意洗牌后,大叫一声"斯万高利",当牌摊开时,每一张牌都变成了红桃K。

在现实生活中,当一个人在遭受心理挫折时,不设法及时排解,而是任挫折感在脑中像红桃K那样繁殖、增强,最终使自己所做之事皆带着挫折与失败的阴影,这就是心理上的"斯万高利"效应。

在信息化时代的今天,过分紧张的生活、过多的信息、过高的自我期望等造成的精神压力,最终形成了现代人的心理问题与心理疾病。其实,一些心理问题如果能得到及时的疏导根本不成"问题",即使是心理疾

病，若能请心理医生治疗也会很快痊愈。但是，如果不及时疏导就会产生心理上的"斯万高利"效应。

人的心理承挫能力是可以通过训练来提高的。父母有责任让孩子明白：一个人的一生不可能一帆风顺，遭遇挫折与失败是难免的。对待挫折与失败的正确态度是：保持积极乐观的心态。爱迪生在研究白炽灯灯丝的过程中，面对1400多次失败而不退却，终于成功地发明了照亮世界、改变人类生活的白炽灯。当记者问他："爱迪生先生，面对1400次的失败……"时，爱迪生说："那不是失败，我只是找到了1400种行不通的办法。"爱迪生这种对待挫折与失败的态度，正是他在科学探索的道路上勇往直前、取得巨大成功的重要保证，是值得我们每一个人学习的。

其实，心理有问题的人都有一个共同点：那就是他认为自己是世界上最不幸的人。印度有一个最古老的故事，相信会对这些人有所帮助。

佛祖为了消除人们的疾苦，从人间选了100个自以为最痛苦的人，让他们把自己的痛苦写在纸上。写完后，佛祖说："现在，请你们把手中的纸条相互交换一下。"结果，这100个人看了别人的纸条之后，个个都非常惊讶。过去，总以为自己是最"不幸"的人，现在才知道很多人比自己更痛苦，那还有什么消沉的理由呢？

美国前总统林肯的忠告：多数人快乐的情形，跟他所决心要快乐的差不多。同样的道理，多数人痛苦的情形，跟他所决心要痛苦的差不多。

一个人的一生注定既有高潮也有低潮，既有峰顶也有低谷，不可能永远春风得意、一帆风顺，也不可能永远背时背运、道尽途穷。所有的困难都有尽头，只要一个人拼力攀登，就可以更快地到达顶峰；只要一个人主动奋斗，就可以更快地突破逆境。

黄金启示

1.树立孩子的挫折意识。许多父母都认为，幼小的孩子心理承受能力差，应该对孩子保护有加，挫折会让孩子感到痛苦和紧张，不应该让孩子遭受太多的挫折。其实，这种观念是错误的。一个人受点挫折，尤其是早期受一些挫折，对孩子本身来说是有好处的。孩子遭受挫折的经历有利于培养他的良好品德，有利于发展他的非智力因素，有利于丰富他的知识、提高他的能力。故父母应正确看待挫折的教育价值，把它看成是磨炼意志、提高适应力的好方法。

2.父母要了解孩子的情绪。孩子在伤心、生气或害怕的时候，最需要父母的帮助。父母通过认可孩子的情绪，帮助他们学习平复自己情绪的技巧。当孩子情绪低落的时候，不妨去访问孤儿院、养老院和医院，看看世界上除了痛苦的自己之外，还有多少不幸的人。如果情绪不能平静，请与这些人接触一下。要确认孩子的感受。父母要注意倾听，用双眼观察孩子的情绪，运用想象力透视孩子的整个情况，用语言以安抚的、非批评的方式与孩子交流，帮助孩子认识自己的情绪。最为重要的是，用内心感受孩子的感受。

3.培养孩子乐观的心态。孩子的世界应该是五彩斑斓，充满欢声笑语的，但随着年龄的增长和内心世界的日益丰富，在现实生活中总有一些孩子被抑郁、苦恼所烦扰。原因是多种多样的，长期的心理压抑会导致并加大孩子身心、学习的压力，使得他们变得自卑、敏感、猜忌，心理承受能力降低，如果不能给予他们及时的指导和调试，长大后很难适应瞬息万变的社会。孩子的不良情绪牵动着父母的心，怎样让他们告别低落的情绪呢？重要的是，作为父母，要用宽容、博爱的心去保护、体谅孩子的幼小心灵，做他们的引路人，让孩子拥有积极的心态。

D—02　史塔勒公理

> **黄金小贴士**
>
> 当一个人付出的劳动没有得到金钱和物质的回报时，必定可以得到等值的精神愉悦。要让孩子知道奉献常常会得到回报。虽然我们有必要告诉孩子，奉献时不该抱着这样的心理，但这是一个自然现象。

富兰克林说过，从来没有哪一个真正的伟人不是真正有德行的人。

赫本是美国好莱坞20世纪五六十年代的影星，她有两项非常有趣的记录：一是她一生结过7次婚；二是她从来没有看过心理医生。

前不久，一位名叫史塔勒的医生对此产生了兴趣，因为他常在半夜接到一些著名主持人和影视明星的电话，要求他给予心理上的帮助。史塔勒作为心理学家，对大多数人的问题都能迎刃而解，但也有一些人的问题让他一筹莫展。这些人多是些明星大腕，他们过着优裕的物质生活，崇拜者如云，无疑是一群世界上最幸运的人。

史塔勒得知赫本的事情之后，好像在黑暗中发现了一抹曙光，决心深入研究赫本现象，以期找到这位女星保持心理健康的秘诀。

他翻开60年代的报纸，找出有关赫本的所有报道。他发现赫本区别于其他影星的不仅仅是那两点，比如说，她曾息影8年，这在好莱坞历史上是没有先例的。史塔勒还发现赫本曾做过67次亲善大使，尤其是1956～1963年间，她几乎每月都到码头、监狱、黑人社区做义工。有一次，她甚至谢绝贝尔公司每小时5万美元的庆典邀请，而去医院给一位小男孩做护理服务。总之，赫本非常乐于做无报酬的慈善工作。

史塔勒对这一发现非常重视，他认为这里面肯定蕴藏着心理学方面的某种东西。为了能得出一个圆满的答案，他推而广之，对其他乐于公益事业的名人、富翁进行研究。最后，他发现这些人很少有怪癖以及其他不良记录，他们同赫本一样，几乎没有看过心理医生。

后来，他把他的发现应用到他的那一批特殊病人的身上。好多人接受过医疗或忠告后，一扫过去的阴霾，变得乐观起来。有一段时间，好莱坞甚至掀起了一个争做联合国亲善大使的热潮，他们争着去非洲的索马里、南斯拉夫的科索沃难民营，因为他们在慈善行动的过程中发现，世界上存在着这么一条公理：当一个人付出的劳动没有得到金钱和物质的回报时，必定可以得到等值的精神愉悦。我把这种一个人付出的没有金钱和物质的劳动等于得到的精神与心理方面的补偿，称为"史塔勒公理"。

"史塔勒公理"有力地说明了这样一个观点：要让孩子知道奉献常常会得到回报。虽然我们有必要告诉孩子，奉献时不该抱着这样的心理，但这是一个自然现象。

心理学家指出，始终如一的利他主义者的最大快乐往往来自家人或朋友，而非个人取得的成就或金钱。美国亚利桑那州立大学心理学家罗伯特·恰尔迪尼说，只要没坏处，他们就会给予。他的研究揭示了"给予者的快乐"这种说法。严肃的给予者会得到一种身心愉悦的激励，这种感觉会鼓励他们继续这样做。

黄金启示

1.学会感恩。要感谢母亲。因为母亲既给了孩子生命，又哺育孩子成长。母亲应该多向孩子讲述他们成长的故事，使孩子从小意识到自己并不

是石头缝里蹦出来的，也不是山上拾来的，而是被妈妈一点点养大的。当然妈妈在讲述时语气要自然，感情要真挚，不可让孩子觉得你在"居功自傲"，要让孩子体会到无私和高尚的母爱。孩子们都很重视自己的生日，早早就在策划自己的生日怎样度过。我们很多父亲给孩子做生日很大方，花很多钱把孩子的伙伴请到酒馆举办一个晚会，烛光闪闪，笑语欢歌，好不热闹。可是心细的父亲不应该忘记在给儿子切生日蛋糕前，告诉儿子选一枝鲜花送给妈妈，感谢妈妈在这一天送他来到这个世界上。

要感谢父亲。所有的母亲要教育孩子尊敬和热爱他们的父亲。告诉孩子父亲的辛劳，父亲为这个家庭所做的种种牺牲和努力。父亲是家庭这艘大船的船长，感谢他给了我们安全和温暖的家。教育孩子好好学习，好好做人，以报答父亲的辛勤。

2.学会感谢。教孩子感谢老师和学校。学校从父母怀中把孩子接过去，将孩子变成了强健、善良、勤勉的少年。父母常常谆谆告诫孩子在学校要听老师的话。但是要真正让孩子听老师的话，首先要让孩子尊敬老师，能细心体会到老师的辛勤教育而感谢老师。不要当着孩子的面批评老师或学校，一旦老师和学校在孩子心中失去了威信，那么您孩子教育的危机也就来了。他不再听从老师的教导，您就无计可施。因此，父母们千万要维护老师的威望，这是为您的孩子着想。

让孩子感谢他的朋友。有不少父母因对孩子的世界漫不经心，而常常会忽视孩子之间的友情，结果造成对孩子的伤害。事实上，做父母的应该重视孩子们之间的友谊。在孩子的世界里自有一种父母无法想象的"法令"和相互间不可忽视的影响力。

3.知恩图报。回报是一种对给予我们帮助和爱的人的真诚感激。饮水思源、知恩图报是高尚的，反之，忘恩负义、以怨报德则是可耻的。父母如果只是无私地给予孩子以无尽的爱，而不注意培养孩子知恩图报的品德，孩子就会视父母对他的关爱为理所当然，尤其是集众多关爱于一身的独生子女，更容易养成娇惯、自私的心理。将来一旦父母老矣，不能为他所用了，他与父母之间也就恩断义绝，最终变成忘恩负义之徒。

D—03 哈德飞实验

> **黄金小贴士**
>
> 如果你想的全是快乐的,你就能快乐。如果你想的全是失败,你就会失败。

爱默生说:"一个人就是他整天所想的那些,他怎可能是别种样子呢?"如果你想的全是快乐的,你就能快乐;如果你想的全是失败,你就会失败。

著名的英国心理学家哈德飞,在他那本只有54页、非常了不起的小书《力量心理学》里指出:人的精神状态对身体和力量有令人难以置信的影响。他请了三个人,实验生理受心理的影响程度。他要求三个人在三种不同的情况下,尽全力抓紧握力计。在一般的清醒状态下,他们的平均握力是45千克。第二次实验则将他们催眠,并告诉他们,他们非常虚弱。结果他们的握力只有13千克,还不到他们正常握力的1/3。然后哈德飞再让这些人做第三次实验:在催眠之后,告诉他们说他们非常强壮,结果他们的握力平均达到64千克。当他们在心里认定自己有力量之后,他们的力量几乎增加了50%。哈德飞实验告诉我们,心理的力量是令人难以置信的。

美国著名心理学家塞利曼博士所做的实验,更加让人相信心理力量的

可怕。他花了二十多年的时间，找了一万多人做一些心理方面的实验。实验的结果显示，悲观的人往往会因自怨自艾而生出病来，有些严重的甚至会导致死亡。

塞利曼博士举了下面这个实例来说明：一家铁路公司有一位调度人员尼克，他工作相当认真，做事也很尽职尽责，不过他有一个弱点，就是他对人生很悲观，常以否定的眼光去看世界。有一天，铁路公司的职员都赶着去给老板过生日，大家都提早急急忙忙地走了。不巧的是，尼克不小心竟被关在一辆冰柜车里。尼克在冰柜里拼命地敲打着、叫喊着，根本没有人听得到。尼克的手掌敲得红肿、喉咙叫得沙哑，也没有人理睬，最后只得绝望地坐在地上喘息。

他越想越可怕，心想，冰柜里的温度一般都在-20℃以下，如果再出不去，一定会被冻死。他只好用发抖的手，找来纸笔，写下遗书。

第二天早上，公司里的职员陆续来上班。他们打开冰柜，发现尼克倒在里面。于是，他们将尼克送去急救，但他已没有生还的可能。大家都很惊讶，因为冰柜里的冷冻开关没有启动，这巨大的冰柜车也有足够的氧气，而尼克竟然给"冻"死了！

其实尼克并非死于冰柜的温度，他是死于自己心中的冰点。因为他根本不敢相信一向不能轻易停冻的冰柜车，这一天恰巧因要维修而未启动制冷系统。他的不敢相信使得他连试一试的念头都没有产生。冰柜之外的我们，如果有一天，变得什么都不相信了，我们同样会死于无法预料的各种各样的心中的冰点。

有个女孩叫金惠，既长得很漂亮，又弹得一手好琵琶，15岁那年她转到了一所音乐学校。刚转学那阵子，她极为孤僻，班上组织到郊区劳动也不愿去，同学们说她太娇气，不理她。这使她更孤僻悲观。老师和父母一起找她谈心，才明白，她刚转学时有两次课堂提问没答对，产生了自卑感；又由于患有夜尿症，怕出去劳动时和同学住在一起，被人发现自己尿床，所以不愿去郊区劳动。班主任知道情况后，一方面不仅替她保密，而且督促父母带她去就诊，治好了夜尿症；另一方面在公开场合表扬她是个不怕苦的学生，学琵琶时手指磨破了都不叫痛。通过一段时间的努力，终于让这个孤僻、悲观的姑娘成了活泼、乐观的好学生。

人的一生不可能一帆风顺，人人都会遇到烦恼，重要的是尽可能地减少不必要的烦恼，做一个快乐而乐观的人。

乐观地面对人生，是我们常常挂在嘴边的一个话题。学会保持乐观、开朗的情绪，对孩子来说，同样是十分重要的，也是非常必要的。

黄金启示

1.积极引导孩子塑造乐观向上的心理。 孩子现有的性格是否属于悲观性格，父母应该有一个明确的认识，并且双方认识应该一致。既然都认为已有的性格不好，应当改塑，就不必灰心丧气，更不能破罐子破摔，明白"性格是可以重塑的"道理，确立起给孩子建立乐观向上性格的信心。

2.帮助孩子学会正确地进行自我分析。 随着年龄的增长，孩子的自我意识越来越强，自我分析也就随之产生。但是，孩子年龄毕竟还小，自我分析能力弱，不能获得正确的结论。有了一点成绩，就沾沾自喜；遇到一点困难，又会垂头丧气。沾沾自喜一多，容易产生高傲的性格；垂头丧气一多，又会养成悲观的性格。

3.引导孩子学会调节自己的情绪。 父母要随时注意指导孩子学会自我排除心理障碍，学会自我调节自己的情绪，使悲观情绪、不良情感或其心理障碍及时得到化解，也就不会导致悲观性格的形成。比如，孩子有了苦闷，要让他尽量诉说，发泄其情绪，不要让他的委屈长期压在心头，更不要不问青红皂白地批评、斥责他；还可以回避孩子敏感、忌讳的话题；或者转移孩子的注意力，减轻心理负担；如此等等。因为父母对待孩子的态度，往往是孩子形成乐观性格的重要因素。

D—04 捐款实验

> **黄金小贴士**
>
> 让孩子从关心身边的人开始,从具体的、较低的要求开始,逐渐培养孩子"心中有他人"的良好品质。

美国一所大学的社会学教授,要学生试着在三种紧急情况下,选择其中之一捐出他们的钱。这三种情况分别是:一是非洲中部遭遇严重旱灾,人民正濒临生死边缘;二是捐助大学中一名成绩优异的学生,他家无力负担学费,正面临无法继续学习的困境;三是捐钱添购一部复印机,放在系办公室供学生使用。

学生以不记名方式进行捐款,结果有85%以上的学生,选择捐款买复印机,约有12%的学生愿意资助优秀学生完成学业,只有3%的学生决定帮助非洲的百姓。

许多人只关心切身的利益,习惯漠视和自己毫不相干的事物。有人说,这是人的本性,也是人性的一个弱点。也许只能说这是人性的一个特点,只要引导适当,就有可能转化为人性的优点。

父母要教育孩子,帮助别人,其实就是在帮助自己。关心他人,竭尽全力去帮助别人,会使人变得慷慨;关心别人的痛苦和不幸,设法去帮助别人减轻或消除痛苦和不幸，会使人变得高尚；时常为他人着想，会丰富自己的生活，增加自己的涵养。

黄金启示

1.**父母要正确引导孩子**。不仅要告诉孩子"好好学习，为理想而奋斗"，而且应该告诉孩子"认真上好每节课，你将获得有用的知识"；不仅要要求孩子热爱共产党、热爱社会主义，而且应该让孩子们学会爱父母、爱同伴、爱老师；我们不应要求所有的孩子都"舍身救人"，而应该要求孩子不要"见死不救"……如果是这样，看到同学掉进水里，因为怕被批评而不求救的悲剧就不会发生。

2.**让孩子从关心身边的人开始**。从具体的、较低的要求开始，逐渐培养孩子"心中有他人"的良好品质。只有关心自己、亲人、家乡命运的人，才有可能成为关心民族前途与祖国命运的人。培养爱国者当从培养爱自己、爱父母、爱身边的人开始。

3.**学会关照他人**。改变过去那种娇宠孩子的做法，给孩子讲道理，让孩子懂得，一个不能关心自己、管理自己的人是很软弱的，这样的人将来无法在社会上立足。让孩子觉得自己是有能力的，自己完全可以做到关心自己的生活、管理自己的生活。有时，孩子们本来是很愿意自己管理一点事情，比如，收拾自己的抽屉、整理自己的衣柜或者书柜。父母发现孩子有这种积极性时，切不可打击，说孩子整理得太乱了，还不如不干，而要给予鼓励，欣赏孩子，赞扬孩子。

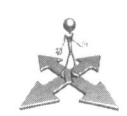

D—05　跨栏定律

> **黄金小贴士**
>
> 面对挫折的态度，往往是成败的关键。是坚持，还是退缩，便是能否取得成功的决定因素。许多天资聪颖、颇具才能者之所以失败，就在于关键时刻他们放弃了，以致功亏一篑。

外科医生阿费烈德在解剖尸体时发现一个奇怪的现象：那些患病器官并不如人们想象的那样糟，相反在与疾病的抗争中，为了抵御病变它们往往要代偿性地比正常的器官机能更强。

最早的发现是从肾病患者的遗体中发现的。当他从死者的体内取出那个患病的肾时，他发现那个肾要比正常的大。当他再去分析另外一个肾时，他发现另外一个肾也大得超乎寻常。在多年的医学解剖过程中，他不断地发现心脏、肺等几乎所有人体器官都存在着类似的情况。

他为此撰写了一篇颇具影响力的论文，从医学的角度进行了分析。他认为患病器官因为和病毒做斗争而使得器官的功能不断增强。假如有两个相同的器官，当其中一个器官死亡后，另一个器官就会努力承担起全部的责任，从而使健全的器官变得强壮起来。

他在给美术学院的学生治病时又发现一个奇怪的现象：这些搞艺术的

学生视力大不如常人,有的甚至还是色盲。阿费烈德便觉得这就是病理现象在社会现实中的重现,他把自己的思维触角延伸到更为广泛的层面。

在对艺术院校教授的调研,结果与他的预测完全相同。一些颇有成就的教授之所以走上艺术道路,原来大都是受了生理缺陷的影响,缺陷不是阻止了他们,相反,促使他们走上了艺术道路。

阿费烈德将这种现象称为"跨栏定律",即一个人的成就大小往往取决于他所遇到的困难的程度。

竖在你面前的栏杆越高,你跳得也越高。在日常生活中,许多常见现象可以用它来解释。譬如,盲人的听觉、触觉、嗅觉都要比一般人灵敏;失去双臂的人的平衡感更强,双脚更灵巧。一个人的缺陷有时候就是上苍给他的成功信息。也就是说,一个人的弱点也许就是他成功的支点。

面对挫折的态度,往往是成败的关键。是坚持,还是退缩,便是能否取得成功的决定因素。许多天资聪颖、颇具才能者之所以失败,就在于关键时刻他们放弃了,以致功亏一篑。坚强而有毅力的人绝不轻言放弃。有人说得好,成功者不过是爬起来比倒下去多一次而已。

每个人都是独一无二的,你就是你自己,你无须按照他人的眼光和标准来评判甚至约束自己。

黄金启示

1. 激励孩子从挫折中站立起来。 孩子在成长过程中,总是要经过很多的挫折。父母善于遵循孩子的自然成长过程有的放矢地实施教育,在家庭教育中对孩子进行挫折教育就是其中的一种。对孩子进行挫折教育,是自然而然始终坚持的一种对孩子的能力锻炼。使孩子从中培养战胜挫折和困难的勇气,学会处理挫折应对危机的方法,增强耐挫力和战胜挫折的智慧。

2. 教会孩子对待挫折的方法。 和孩子一起分析挫折原因。父母应该教给孩子一些对待挫折的方法,例如,自我鼓励法:"这次虽然没得到第一

名,但比在中班有进步了。"补偿法:"我跳舞不行,可画画不错,要努力画,争取参加书画比赛。"故事法:父母可以给孩子讲名人成功前的挫折经历,或自己小时候的挫折故事,让孩子懂得生活中随时可能遇到挫折,只有克服困难,才能取得成功。

3.为孩子提供获得成功的机会。作为父母,要根据孩子的个性特点、能力水平,提出适当的要求,让孩子做力所能及的事,使孩子通过成功的自我激励,体验成功的喜悦,获得信心。另外,不管什么原因,当孩子不能面对挫折时,父母应以乐观的情绪感染孩子,如"这点小事,怕什么,让我们一起克服"。

D—06　瓦伦达心态

黄金小贴士

无论是运动员临场比赛,还是孩子参加升学考试、学科竞赛,都要有一颗平常心,排除各种期望在临场赛事的自我干扰,过分的功利主义会影响参赛者集中注意力,导致赛事落败。

瓦伦达是美国一位走钢索的杂技演员。他曾多次在不同场合进行表演,从未失手。

但在一次重大表演时,不幸失足身亡。他的妻子早就知道这次会出事。因为上场前,他嘴里总是念道:"这次太重要了,绝对不能失败。"而此前的表演,他只想着钢索这件事,从不考虑其他。

钢索一般悬在离地几十米的高空,没有任何人身安全保护措施,还有来自风雨等自然界不利因素的干扰,人在上面行走,其险象可见一斑。但瓦伦达每次走钢索时,没有去想成功时的鲜花掌声,或失败时的可怕情景,想的只是走钢索这件事本身,最后往往如愿以偿。心理学上把这种不为赛事以外杂念所动的心理现象,称为"瓦伦达心态"。这种心态的突出表现就是专心致志做某事,而不管这件事的意义和结果。

成功、胜利、荣誉、地位等都是许多人所希冀的,但过分的功利主义

往往事与愿违，适得其反。教育上这样的事例为数不少。一次，一位参加初三升学考试的孩子，在数学考试即将结束时突然面对试卷抽泣起来，监考老师以为发生了什么意外，立即上前了解安抚。考试结束后他们得知：这个孩子一心想报考市重点中学，当碰到一道陌生题目时，一下子思维"卡壳"，脑子里想的尽是几分之差将会使希望成为泡影，今后的前途、命运难测，如果托人进重点中学，要付一笔可观的赞助费，父母将会……这个孩子升学考时碰到困难，离题之外的杂念充斥脑海，严重干扰了正常思维，其结果当然不言而喻。

"瓦伦达心态"告诉人们：无论是运动员临场比赛，还是孩子参加升学考试、学科竞赛，都要有一颗平常心，排除各种期望在临场赛事的自我干扰，过分的功利主义会影响参赛者集中注意力，导致赛事落败和悔恨。

消除挫折带来的后续心理阴影。一个人在从事某一活动、达到一定目标的过程中难免会有失败和挫折，并由此而带来诸如害怕失手之类的胆怯、怨恨等消极后续心理。如果在竞技、选拔活动中，不能从挫折带来的后续心理阴影中摆脱出来，那么会严重影响活动的结果。

第二十七届奥运会男子50米自选手枪决赛时，保加利亚选手斯里亚科夫前四轮枪枪击中靶心，成绩都在10环以上，可是第五枪只得了7.2环。在决赛的节骨眼上出现这样的严重失误，简直不可思议。同样的事发生在斯里亚科夫身上已是第二次了。8年前，在巴塞罗那奥运会上，也是在决赛中，斯里亚科夫打第六枪时走了神，只得了8环。面对这奇臭的一枪，斯里亚科夫怒不可遏，当即摘掉头上的遮光罩，狠狠地将枪扔砸在地，退出了比赛。何其相似的惨景在8年后重现。然而，这一次斯里亚科夫冷静地放下枪，默想一阵后将注意力完全专注在枪和靶心上，又举枪瞄准射击，最终以666环的上佳成绩夺得了金牌。事后记者采访他时，他说："我并没有回忆在巴塞罗那的事，那已经是很久以前的事了。"若是斯里亚科夫打完第五枪后，不去默想如何调整心态，专注射击，而是重温巴塞罗那奥运会上那刻骨铭心的一刻，那么可以肯定地说，这次的金牌又与他无缘了。

戴尔·卡耐基曾经说过：用争夺的办法，你永远无法满足。可是，当你谦让的时候，你可以得到比你所期望的更多。因而，我们做父母的，在教育孩子时，一定要保持一颗平常心。"当上帝为你关闭了一扇门的时候，就一定会为你打开另一扇窗。"

黄金启示

要有一颗平常心。父母不要在孩子参加竞赛或升学考试前，简单地给孩子下达考分、名次等具体指标，人为地给他们造成巨大的心理压力。这会使他们难以专注竞赛和升学考试本身，影响正常发挥。

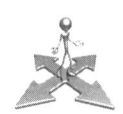

D—07 投射效应

> **黄金小贴士**
>
> 学会正确地进行自我评价和全面客观地分析挫折，不推诿自己的责任，承担一切可能发生的风险，这既是智者的睿智、勇者的大度，又是自信的表现。

从一个人成长的一般规律看，逆境、挫折更容易磨砺意志，更能出人才。在逆境中经过挫折千锤百炼成长起来的人，更具有生存力和更强的竞争力。因为，在逆境中奋斗的人既有失败的教训又有成功的经验，更趋成熟。他们能把挫折看成一种财富，深知成功是建立在失败的基础上的，因此更具有笑对挫折、迎难而上的风范。

一支全国足球甲A劲旅，在客场与另一支甲A雄狮对阵，竟以1∶9的高比分输给对方，败走麦城，球迷们为之哗然，队员们也愤愤不平。有的认为裁判不公，第一个进球判罚不当，严重地影响了队员们的情绪；有的认为比赛场地实在太差，致使难以进行有效的地面传切配合，发挥自己的优势；有的埋怨队里伤病人员太多，以致很难排兵布阵；有的指责客队球员作风粗野……输球的原因罗列了一大堆，其中有些原因也是事实，但是，在种种原因中，很少从自身去找，而是责难他人，为求得心理平衡，以减轻由失败带来的各种压力。其实，这就是心理学上的"投射效应"。

所谓"投射效应"，是指当个体遭遇挫折后，不进行自我检讨，而把挫折引起的内心不安，自己不愿意承认的某些行为、欲念、态度等排除于自身之外，转移或推向他人或周围事物，以此逃避自己心理上的不安，这种心理现象称之为"投射效应"，也叫推诿作用。

在孩子的学习、文体活动和人际交往中，"投射效应"现象不胜枚举。例如，学习成绩下降，责怪班风不好，老师教学水平低下；到了学校发现没有戴红领巾，责怪母亲早晨没有把红领巾放在书包里；上课迟到，受到老师批评，埋怨父母没有及时叫其起床；演唱比赛名落孙山，抱怨音响效果差，评判人员不懂艺术欣赏；与父母有隔阂，简单地把原因归结为"心理代沟"，他们"思想僵化"、不懂得理解年轻人，等等。

具有"投射效应"的人，没有意识到或者根本否认自己的缺点、问题，将所有的问题都加之于他人或其他客观原因，以此来掩饰内心的不安，有时甚至"以小人之心，度君子之腹"。

具有投射心理的孩子，从表面上看并不怀疑自己，他们仍然有很强的自信力，而在其心里更深的层次上，他们的自信力至少在受挫的领域中已变成了一个空架子。这样的孩子很可能在受挫很长一段时间里，借助"投射"作用来回避正确地自我评价，自信力在"投射"作用下逐步减弱。而且，"投射"助长了不在自身找原因、寻问题、推卸责任的不良品质，严重地影响了人际关系。因此，它是又一种消极的自我防卫手段。

如果说"撞了南墙不回头"是愚蠢的话，那么，"撞了南墙不回头"后又将责任归咎于他人和客观条件，已是近乎卑劣了。"投射效应"就属于后者。孩子产生"投射"心理时，父母理当义无反顾地予以教育引导。

黄金启示

1.妥善处理孩子遇到的挫折。当孩子受到挫折后，父母不仅要帮助孩

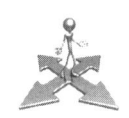

子正确对待挫折，分析造成挫折的主客观原因，重要的是父母要教育孩子多从主观上想问题、找原因，并勇敢地承担责任，这是克服产生"投射效应"的根本。孩子受到挫折，不管大小，都是对孩子自信心的挑战，父母要妥善处理，不能忽视。首先，父母要让孩子明白挫折是难免的，每个人都会遇到。其次，父母要帮助孩子分析受挫的原因。考试失败，同孩子进行试卷分析，让孩子明确错在哪里、错的原因；没有评上"三好学生"，帮助孩子分析自己还有哪些缺点需要改正。

2.要多鼓励、多安慰。鼓励和安慰能帮助孩子树立战胜挫折的信心。孩子受挫后，父母不应忽视，更不能大加训斥，要让孩子相信只要他努力就能成功。学会正确地进行自我评价和全面客观地分析挫折，不推诿自己的责任，承担一切可能发生的风险，这既是智者的睿智、勇者的大度，又是自信的表现。

D—08 犬獒效应

黄金小贴士

只有争取胜利，成为强者，你才会在竞争中立于不败之地。

在竞争社会里，培养竞争意识的重要性是不言而喻的。想成就一番事业，没有强烈的竞争意识是根本不可能的。竞争意识就是一种积极的进取心，是一种锐气，是一种不争第一誓不罢休的倔强。

在孩子的培养教育上，竞争意识的培养同样重要。竞争从另一个角度来说，就是竞争者在竞争过程中保持的一种昂扬的精神状态，对于孩子来说，保持这种精神面貌尤其可贵。竞争的力量会让一个人发挥出巨大的潜能，创造出惊人的成绩。

在很多游牧民族，为了培养凶猛的猎犬，当年幼的猎犬刚长出牙齿并能撕咬食物时，主人就把它们放到一个没有食物和水的封闭环境里，让这些幼犬们自相撕咬，直至剩下最后一只活着的猎犬，而最后存活的猎犬被当地人称为獒，据说十只犬才能产生一只獒。后来，人们把这种残酷的培养方式称为"犬獒效应"。

"犬獒效应"说的是，只有在竞争的环境中才能出强者。自然界的"适者生存，优胜劣汰"的进化规律同样适用于人类。只有争取胜利，成

为强者，你才会在竞争中立于不败之地。拿破仑曾说过，不想当将军的士兵不是好士兵。要么不做，要做就要做最好的。

下面是一位考上耶鲁的女孩的妈妈所讲述的自己女儿的故事。

女儿是在国内读完小学五年级的。当时通过各种关系进的是一所市属重点小学，学校名声大，后门多，生员爆满，一班64名新生。女儿上学早，5岁半便背起了书包。记得第一次期中考试，女儿有一门得了满分，一门99分，但名次排下来却是二十几名。

本来这种成绩已无可指责抱怨。记得我们小时候读书，有个八九十分就不错了，哪有过这么好的成绩，比起女儿，我已经差得太多，还有什么话好讲？可是，尽管这种成绩不错，我却仍然十分担心，原因就是这二十几名的排名，假如女儿甘心自满，不再发奋图强，却又如何是好？

好在这种局面很快得到改善，二年级之后，尤其是有了作文课之后，双百拿不到了，排头的成绩纷纷往下掉，女儿的成绩却掉得少，相形之下才冒出了"尖尖角"。

我特别在意的就是这似露非露的"尖尖角"，养成了女儿可贵的、不服输的劲头。来到美国之后，凭着这股劲头，她又用最快的速度过了英文关。一路走来，别人能做的，她要做，别人做不到的，她还要做。

学钢琴时，她已经过了13岁，老师不想收她，说她已经过了学琴的最佳年龄。可她硬是不服气，不仅争取到了这个机会，而且学得非常出色，就连高中阶段最紧张的时候，她每天还至少抽出一小时练琴。

说到这里，我们应该感到惭愧。在朋友们的眼里，女儿之所以取得这样的成绩一定是得益于我们的辅导帮助，实际上，我们对女儿的具体帮助很少，也插不上手，要说有帮助的话也是在教她怎样做人。我觉得，值得在此与朋友们分享的，就是女儿那种倔强的不服输的劲头。我至今认为这是非常宝贵的经验。想让自己孩子成功的父母们，千万要注意努力培养、小心呵护孩子们的积极进取精神，千万不可磨光了孩子初生之犊的锐气。

人，总是有惰性的，如果老是处在轻松宽裕的环境中，谁都会慢慢滋生安逸享受之心，不思进取。

黄金启示

1.**让孩子学会竞争**。培养孩子的竞争意识和竞争能力，成为当前家庭教育的一项重要内容。孩子竞争意识的培养必须通过正面教育实现，在日常的生活、工作、学习中坚持训练，逐步养成良好的习惯，从而具有较强的竞争能力。

2.**改变传统的教育观念和评价孩子的标准**。我们经常把"孩子真听话""真乖"作为"好孩子"的评价尺度，可以说，这一观念已经陈旧。从孩子未来生存、发展的需要来看，从小培养孩子具有独立自主意识，坚强的意志，敢想敢干。勇于创新、创造的精神及勇于和敢于迎接挑战、挫折与艰辛的心理素质才是科学的教育观念。在教育方式上，父母要转变原来的"我说你听""我打你从"的教育方式，采取民主型的、激励型的、疏导型的教育方式。同时，要鼓励孩子勇敢地走出书斋，走出家庭和社区，放眼世界，放眼未来，树立雄心壮志。

3.**在培养孩子具有创造性思维方面下功夫**。可以说现在的学校应试教育既束缚了儿童创造性思维的发展，也决定了家长循规蹈矩的教育方式。所以，家长在教育孩子时，要善于激发儿童的求知欲望和求知兴趣，鼓励孩子勤动脑、动手、动眼、动口，不唯书，不唯上，善于发现问题，提出问题，并尝试用自己的思路去解决问题。

D—09 墨菲定律

> **黄金小贴士**
>
> 错误并不总是坏事，从错误中汲取经验教训，再一步步走向成功。错误往往是成功的垫脚石。

1949年，一位名叫墨菲的空军上尉工程师，认为他的某位同事是个倒霉蛋，不经意间开了句玩笑："如果一件事情有可能被弄糟，让他去做就一定会弄糟"。

这句话迅速流传，并扩散到世界各地。在流传扩散的过程中，这句笑话逐渐失去它原有的局限性，演变成各种各样的形式，其中一个最通用的形式是："如果坏事情有可能发生，不管这种可能性多么小，它总会发生，并引起最大可能的损失。"这就是著名的"墨菲定律"。

墨菲定律告诉我们，人类虽然越来越聪明，但容易犯错误是人类与生俱来的弱点，不论科技有多进步，有些不幸的事故总会发生。而且我们解决问题的手段越高明，面临的麻烦就越严重。

在孩子的成长过程中，难免会犯错误。父母最重要的是要引导孩子汲取教训，不犯重复的错误。

严厉的管束与惩罚可能暂时起到一定的效果，孩子因为惧怕家长的权威而停止错误行为，但长期下来往往会损害孩子的成长。孩子只有在自发或自觉的情况下，才能真正地成为原则的遵守者，才能产生自律与责任心。尤其对于大一点的孩子，他们已经明白"民主"与"权利"是什么，正在生活上、人格上要求独立，过分的惩罚往往只能得到他们的自卫和反抗，或者是消极抵御。即使是一位儿童，也会产生这种心理。

一位5岁的男孩把牛奶洒了一桌子，还故意用手把桌子抹得一团糟。他这样做被妈妈发现过好几次，每次妈妈都很生气地揍了他的屁股。妈妈总是大声呵斥道："我告诉你多少次了，不要这样，你就是不听，打你多少回了，还不改，你还想让我打你，打得还不疼是吗？"第二次，孩子还是把牛奶倒在桌子上。

孩子挨了多次打，可还是不改，他并非不明白妈妈为什么打他，他仅仅以此向妈妈示威。孩子虽小，但心理是健全的，他们虽然不成熟，不能分清是非，但他们需要的是引导和尊重。"人非圣贤，孰能无过？"大人们尚且经常犯错误，何况是个孩子呢？

有记者采访一位著名的科学家，问他为什么有超凡的创造力，是什么原因使他有杰出的成就？

他回答，这都与他小时他母亲给他的经验有关。有一回他尝试着从冰箱里拿一瓶牛奶，竟失手把瓶子掉在地上，牛奶流得满地都是，简直是一片牛奶海洋！

他的母亲到厨房来，看见满地的牛奶，她说："哇，你制造的混乱还真棒！我几乎没看过这么大的奶水坑。反正损害已经造成了，在我们清理它以前你要不要在牛奶中玩几分钟？"

他真的这么做了。几分钟后，母亲说："你应该知道，每次当你制造这样的混乱时，你最好还是把它清理干净，让物归原处。你想这么做吗？我们可以使用一块海绵、一条毛巾或一只拖把。你喜欢哪一种？"他选了海绵，于是他们一起清理满地的牛奶。

母亲又说："你知道，我们在如何有效地用两只小手拿大牛奶瓶上已

经做了个失败的实验。让我们到后院去，把瓶子装满水，看看你是否可以拿得动它。"小男孩学会了，如果用双手抓住瓶子上端接近瓶口的地方，他就可以拿住它。

这位著名的科学家说，小时候他不需要害怕错误。他还学到，错误只是学习的机会，科学实验也是如此。即使实验失败，他还是会从中学到有价值的东西。

这位母亲非常冷静，让孩子在牛奶中玩，让孩子清理地上的牛奶，把错误当作一个失败的实验，让孩子继续实验，没有让他停下来，这的确是个创举。错误成了学习的机会，培养了孩子的责任心。

不论孩子闯下了什么大祸，做父母的一定要冷静，冲动只能让你丧失了理智，做出傻事来。

是孩子就会犯错，父母要给他改错的机会。每个孩子都是不断地在犯错、认错、知错、改错中成长的。当孩子犯了错误，要允许他改正；当孩子犯了罪跑回家，你要给他做顿饭，他吃饱了送他去公安局自首；当孩子成了少年犯，进了少管所，你不要就不管他了，要常去看他，更不能说跟他断绝亲子关系，法律上能断绝，亲情上却断不了，因为那是你的孩子！

错误是这个世界的一部分，与错误共生是人类不得不接受的命运。但错误并不总是坏事，从错误中汲取经验教训，再一步步走向成功的例子也比比皆是。因此，错误往往是成功的垫脚石。

黄金启示

1.父母要给孩子决策的机会。独立自主是孩子获得快乐的一种好方法，因此，父母应该尽量多地给孩子提供决策的机会，让孩子从小就知道怎样使用自己的决策权。父母只要好好想想就会知道。在家里，孩子对一切事情都没有做主的机会。从小的方面看，早餐、晚餐吃什么，今天可以看什么电视节目等。一般来说，孩子是没有决策权的。从大的方面看，家里添

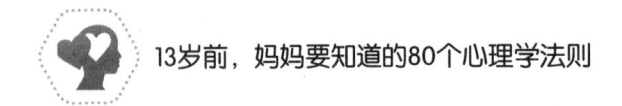

置家具，是不是可以去旅游，能否参加一项培训等。几乎都是父母说了算。

从这两方面看来，孩子不可能像父母所想象的那样快乐。研究发现，让孩子们自由地作一些选择，对于培养他们快乐的性格是很有好处的。

2.培养孩子的适应环境的能力。 资料表明，有些人一辈子都很快乐，不是因为他们手握重权，也不是因为他们腰缠万贯，而是因为这些人具有很强的适应能力和很好的心理素质。有了这一点。一个人就很容易从失望中振作起来，在悲伤中快乐起来。

如果孩子面临困难，父母应该帮助他摆脱困境，寻找转机。父母要及时告诉孩子，任何困难都会有一线转机，前途总是光明的。要及时帮助孩子调整心理状态，让他们尽快恢复快乐的心情。如果孩子经过努力也没有扭转困难的局面，父母更要及时帮助孩子寻求安慰自己的办法。比如，听音乐、看书、向别人倾诉心声等。

有不少父母，不从道理上讲清楚该怎么做，如果孩子做错了，稀里糊涂打一顿，打完了孩子还不知自己错在哪里。让孩子从体验中去认识道理，他才会记得非常深刻。

D—10 卢维斯定理

> **黄金小贴士**
>
> 真正的谦虚不是一味地否定自己，而是对自我有合理清醒的认识。对自己有着充分自信的人才能有这样的谦虚，才能够客观地看到自己的缺点，对自己的优点也不会盲目夸大。

鹰在高高的天空上飞翔着，群鸟都称赞它的壮志和本领。

而麻雀听了，心里很不舒服，愤愤地对大家说："鹰这是轻浮的表现，是在炫耀自己！而我总是低低地飞，你们应该称赞我的谦虚才是！"

百灵鸟对麻雀说："就算你低低地飞是一种伟大的谦虚，那现在就请你施展一下本领飞上天空去把鹰叫下来吧。"

正如美国心理学家卢维斯所说：谦虚不是把自己想得很糟，而完全不像自己。

真正有智慧的人，必定有诚意谦虚的态度。有智慧才能分辨善恶邪正，有谦虚才能建立美满人生。谦虚最主要的目标即是无我。因为你能缩小自己、放大心胸、包容一切、尊重别人，别人也一定会来尊重你、接受你。

富兰克林是美国的政治家、科学家，独立宣言的起草人之一。他在合众国创建时，曾留下许多功绩，故有"美国人之父"之称。

有一次，富兰克林到一位前辈家拜访，当他准备从小门进入时，因为小门低了些,他的头被狠狠地撞了一下。出来迎接的前辈告诉富兰克林:"很痛吧!可是,这将是你今天拜访我的最大收获。要想平安无事地活在世上,就必须时时记得低头。这也是我要教你的事情,不要忘了!"从此,富兰克林牢牢记住这句话,并把"谦虚"列入一生的生活准则之中。

谦虚的人并不希望别人夸奖,尽管人们常常夸奖他。骄傲的人时时想叫别人夸奖,但除了在别人面前夸耀自己以外,再也没有第二个人夸奖他。

有句古老的格言:只有能赢得人心的国王,才会拥有最安泰的国家。如果我们懂得谦虚,就能获得征服人心的无与伦比的力量。在某些人的道德观中,谦虚是一种个人的压抑,这实在很糟糕。但是当自信以"我真的没把握把它做好"(其实你心里完全有把握)来掩饰时,依然是一种矫情。只有常怀谦虚谨慎之心,保持不断学习以求进步的态度,对自我的发展往往会起到意想不到的巨大推动作用。

真正的谦虚不是一味地否定自己,而是对自我有合理清醒的认识。对自己有着充分自信的人才能有这样的谦虚,才能够客观地看到自己的缺点,对自己的优点也不会盲目夸大。

黄金启示

1.**适时准确地表扬**。父母对孩子的优点、成绩过度地夸耀,往往使孩子头脑发胀,容易使孩子形成骄傲自大的性格。所以,父母平时准确适度的评价尤为重要。

2.**虚心向他人学习**。加强训练指导,克服孩子骄傲自满的心理,通过讲道理开阔思路是很重要的,使成绩好的同学知道"天外有天"。

3.**父母用自身的胸怀坦荡、谦逊好学、严格自律、奋斗不息的形象感染孩子**。父母的示范作用和家庭良好的氛围最有利于孩子健全人格的形成。

4.**和老师密切配合,保持方法一致**。在孩子成长过程中,给孩子创造改正错误的机会,要在生活中发现孩子的闪光点,不断肯定他们的点滴进步,及时纠正他们骄傲自满的心态,使孩子健康成长。

D—11 凯迪拉克效应

> **黄金小贴士**
>
> 父母要注重培养孩子的自尊、自主、自决、自强的意识和能力,千万不要扼杀孩子在社会中赖以生存、发展的主体性。

据说在美国俄克拉荷马州有一位贫穷了一辈子的印第安老人,在他的土地下发现了石油,使他一下子成为富翁。他买了一辆豪华的"凯迪拉克"轿车,并给它加上4个轮子,变成乡间最长的车子。精心打扮之后,用两匹健马拉着那辆轿车,他每天驾车到附近小镇上兜风。有一位机械师发现那辆轿车里的发动机有100马力,机器完全正常,只是这位印第安老人从来没有学会,或者不曾想去点火发动,却只会用那两匹马拉着。

这位印第安人老人虽有财富买得起高级轿车,却以自己对车子的固有认识和意愿,将豪华的轿车改装成令人发笑的乡间传统"长车",只会按固有的传统习惯用两匹马拉车。最令人深思的是这位老人,忽视或忘却了轿车的发动机具有100马力的内在主体力量,无视轿车本身的强大力量能驱动车子飞驰,却一味依靠另外小得多的两匹马的力量拉着车子行进,还自鸣得意地到小镇上去兜风。

如果用这则笑话所揭示的哲理来考察目前的家庭教育,不是也有相当

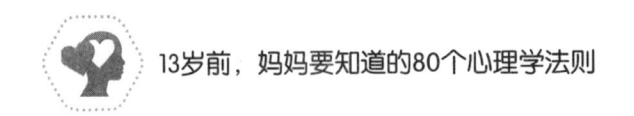

数量的父母患有类似那位印第安老人的弊病吗？

比如，有些父母习惯于依照自己的固有认识和愿望塑造孩子的未来，不注重培养孩子必须具备的自尊、自主、自立、自强的意识和能力。例如，某小学组织学生春游时"三军"同行：领队是带队的教师们，大队是学生的队伍，最后"保驾"的还有陪游的父母、爷爷、奶奶，他们为孩子拎书包，提食品袋，一路辛苦，护理自己的孩子。

还比如，有些父母忽视或忘却孩子是具有主动性和积极性的主体，一味要求孩子顺从听话，把孩子当作任凭父母安排的"依附品"，被动地接受父母教育，由父母"拉着"前进。一旦孩子自作主张，违背大人的意愿，轻则被教训一番，重则挨骂挨打。"在家听大人的话""在学校听老师的话"，这便是父母对孩子的一贯训诫。

再比如，有些父母不会或不善于发动孩子本身具有巨大潜能的"引擎"，要求孩子按师长的话去想、去做，谨小慎微，唯唯诺诺。笔者在调查中，看到有位父母辅导孩子看图写话的情境：孩子面对养鸭人划船赶鸭的图画写道，"河面上有许多鸭子。"父母判为错了；孩子改写成"养鸭人真辛苦。"父母又判为错了；因为标准答案是"养鸭人在赶鸭"。诸如此类，无疑会导致孩子循规蹈矩，父母没有讲过的不敢想，父母没有教过的不能做，如同那位印第安老人那样，有了轿车不会开，也不敢尝试着驾驶，只会按传统习惯用马来拉轿车，扼杀孩子在社会中赖以生存、发展的主体性。

黄金启示

1. 教育孩子四个"学会"。

一是"学会主动"，培养孩子明确学习目的，增强学习兴趣，主动参加各种学习活动，学好各门功课，发展自己的兴趣爱好；学会思考问题的方法，积极动脑，敢于发表自己的见解，能够有效地安排和使用课余时

间，开展有意义的双休日活动；培养孩子的竞争意识和竞争精神，有不甘落后、争当先进的欲望，能够学习别人的长处，勉励自己积极上进；鼓励孩子勇于战胜挫折和困难等。

二是"学会方法"，教育孩子学会观察、记忆、思维的方法，能够独立地有目的按顺序地进行观察，能够独立地进行分析、综合、抽象和概括，能够运用直观记忆和理解基础上记忆的方法；帮助孩子掌握预习、听课、复习和作业的方法，形成良好的学习习惯；引导孩子掌握一定的口头和书面表达方法，能够当众述说，讲述清楚、完整，能叙述一件事，说明一个事物和评论一个问题等。

三是"学会双基"，学会基本的知识，学会基本的技能。

四是"学会创造"，培养孩子广泛的兴趣，启发孩子乐于探究各种事物的特征与联系，爱发现问题、提出问题，遇到问题能主动向同学、老师和父母请教；学会创造性思维的方法，能够进行发散思维，有独到的见解，又能根据实际进行适当的想象；培养孩子动手实践的能力，会使用各种学具，能设计和进行一些小实验、小创造等。

2.培养孩子的主体性意识和能力，是父母给孩子终身有用的财富，是立身未来社会的根本依托。父母要根据孩子的年龄特征和个性心理，采取多种多样的方式方法，尽早重视培养孩子的主体性。有位老师总结了以下十种方法，父母们可以借鉴参考，选择恰当的家庭教育内容，进行有目的有计划的训练。

①给孩子一个时间，让他自己安排；要求他科学地分配时间，提高时间利用率。

②给孩子一个空间，让他自己处理；要求他自主地活动，提高独立行动的能力。

③给孩子一定条件，让他自己去干；要求他主动实践，经受锻炼。

④给孩子一个问题，让他自己去找答案；要求他独立思考，自行分析和解决问题。

⑤给孩子一个困难,让他自己去对待;要求他不怕困难,勇于战胜困难。

⑥给孩子一个机遇,让他自己抓住;要求他主动抓机遇,发挥自己聪明才智而获取成功。

⑦给孩子一个冲突,让他自己矛盾斗争;要求他正确对待,以正确思想战胜错误想法,以积极的态度克服消极心理。

⑧给孩子一个对手,让他自己去竞争;要求他学习对手长处,又发挥自己优势,合理合法地取胜。

⑨给孩子一个权利,让他自己去使用;要求他合理运用权力,正确处理权利和义务的关系。

⑩给孩子一个题目,让他自己去创造;要求他善于开动脑筋,提出自己独特的想法。

D—12 狐狸法则

> **黄金小贴士**
>
> 培养孩子的独立性,让孩子逐渐养成自己的事自己做的习惯。

爱孩子,就要让孩子独立。

在一个严寒的冬天,狐狸富来普和莱拉真诚地相爱了。莱拉生了5只小狐狸,它们在海边的沙丘上建立起了一个愉快、幸福的家庭。为了让孩子们能尽快地成长,富来普和莱拉日夜奔忙着寻找食物。

后来不幸的事接连发生,最小的琪尼塔双目失明;梅雨季节孩子们饥饿的叫声,使富来普和莱拉冒着生命危险去村子里偷鸡,莱拉不幸被夹子打中,脚被夹断,在痛苦的回忆中,莱拉因感染离开了富来普和孩子们。

狐狸妈妈不幸去世后,富来普担负起了抚养孩子的重任。它没有像母鸡孵小鸡那样把孩子们保护在身下,而是让它们出去独立生活。它严厉地教育它们,教给它们捕捉食物的方法,逃避危险的智慧,带着它们去做实习旅行。当小狐狸已经能独自捕食的时候,它们还想娇滴滴地在爸爸身边撒娇,但富来普已经决定把它们赶走。在一个风雪交加的夜晚,富来普把刚学会走路和觅食的小狐狸全部赶到洞外。小狐狸站在风雪中凄厉地哀叫着,一次又一次试图回到洞里,可是每一次都被堵在洞口的老狐狸咬出

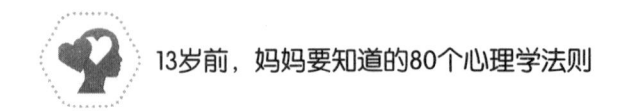

去。那些被富来普咬伤并被赶走的小狐狸眼中充满着忧伤和委屈，然而富来普则义无反顾地坚决和果断地赶走它们。

虽然琪尼塔的双眼已经瞎了，但是富来普也没有给它特殊的照顾，照样把它赶得远远的。因为富来普知道，没有谁能养它一辈子。小狐狸们从这一天起便长大了，那只瞎眼的小狐狸也终于学会靠嗅觉来觅食。

当狐狸爸爸再一次看到自己孩子的时候，虽然五个孩子中只剩下了两个，但它们已经变得更加健康强壮。

这是日本电影《狐狸的故事》中的场景，是一个关于北方红狐狸养育、教育孩子的故事。北方狐狸十分重视培育后代的独立生存能力。小狐狸们在很小的时候，就开始学习如何捕食，当它们长大成熟后，老狐狸就不再允许它们留在身边，而是无情地驱赶出去，迫使它们去独立生活，去开拓新的生存领域。即便那些不能，或不愿独立生活的小狐狸跑回来哀求留下时，老狐狸们也是毫不留情地又把它们赶走。

狐狸法则是：成年后就不能与父母住在一起，就不能靠父母养活，得自己去生活。我们必须懂得，这是自然界所有动物的生存法则。如果你不知道如何生存，那么你就将被大自然无情地淘汰。

与人类一样，所有的动物都爱孩子，但动物妈妈知道，父母不可能陪伴孩子一生，如果不尽早让孩子学会独立，等有一天孩子自己面对世界的时候，就会无所适从。

独立性是现代化人格素质的重要方面，其内涵是：孩子在生活上能自理，在学习工作中能独立完成各项任务，碰到问题和困难能独立自主地作出决策并付诸实施，不轻易接受他人的暗示、意见而改变主意。很多父母反映孩子的生活自理能力差，过分依赖父母，不少孩子上高中了还没有洗过衣服。缺乏独立性对孩子的成长是极为不利的，父母应注意培养孩子的独立性。

黄金启示

1.父母要明确自己的职责。要让孩子接受自己作为一个人的价值，让孩子感受到父母对他的爱和尊重。父母在繁忙的工作、家务中，应挤出时间陪他听故事、打球、做游戏、放风筝等等；在处理家事，尤其是有关他（她）的事情时，父母应与孩子讨论，征求孩子的意见，或直接由孩子决定。

2.鼓励孩子爱劳动。让他们从事力所能及的家务劳动，孩子自己的事情要自己做，父母不要包办代替。自幼培养孩子自己洗手绢，自己穿衣系带，自己整理衣物，用过的东西要放回原处并码放整齐。孩子大点了，可以让他帮助父母扫地、洗碗、擦桌子、倒垃圾等，活儿不一定多，但要天天坚持。这样可以培养孩子的责任感、服务意识和动手的好习惯。自然，孩子的自理能力也会得到提高。

3.父母要支持孩子正当的活动。有关孩子和家庭的一些事情，要和孩子共同商定，而不是一切由父母安排。让孩子逐渐养成自己的事自己做的习惯。孩子都渴望能像父母那样，处理自己的事务，管理好自己。因此，采取民主的家庭气氛有利于孩子独立性的培养。当孩子按自己的方式布置自己的房间，和同学一起踢球，参加科技小组等时，其主动性和独立性也能加强，如果父母过分担心和怀疑孩子的能力，禁止或限制孩子的这些活动，就会打击孩子独立活动的积极性。

D—13　甘地夫人法则

黄金小贴士

教育的目的就是培养孩子健全的个性，使他们以后能够从容不迫地适应生活中的各种变化。父母要舍得让孩子承受些挫折，以提高其对挫折的忍受能力，他们今后才能够勇敢地面对生活，战胜困难。

挫折是孩子健康成长的一笔财富。它会使孩子更加成熟坚强。

你若希望你的孩子真正有所作为，那么，挫折教育是不可缺少的一课。所谓挫折教育，并非只是让孩子过过苦日子，干点苦活。这并不现实，也未必有效。挫折教育的着重点在于，培养一种自强与坚毅的性格与精神。从孩子小时候起，摔倒了就要让他自己爬起来，自己的过失要自己去弥补；遇到困难时，让孩子自己去面对。

印度前总理甘地夫人，是一位非常出色的女性。作为领袖，她对印度有着杰出的贡献，作为妈妈，她是孩子心中最好的老师。

甘地夫人认为，生活中有幸福，也有坎坷。教育的目的就是培养孩子健全的个性，使他们以后能够从容不迫地适应生活中的各种变化。作为母亲，她必须帮助孩子平静地接受挫折，发展自我克制的能力。

甘地夫人的儿子拉吉夫12岁时，因病要做一次手术。面对紧张、恐惧

的拉吉夫，医生打算说一些"手术并不痛苦，也不用害怕"等善意的谎言来安慰孩子。可是，甘地夫人却认为，孩子已经懂事了，那样反而不好，所以她阻止了医生。

随后，甘地夫人来到儿子床边，平静地告诉拉吉夫："可爱的小拉吉夫，手术后你有几天会相当痛苦，这种痛苦是谁也不能代替的，哭泣或喊叫都不能减轻痛苦，可能还会引起头痛，所以，你必须勇敢地承受它。"

手术后，拉吉夫没有哭，也没有喊痛，他勇敢地忍受了这一切。

因此，要舍得让孩子承受些挫折，以提高其对挫折的忍受能力，使他们今后能够勇敢地面对生活，战胜困难。

日常生活中的挫折情景很多。例如，考试结果与期望值差异过大，竞争失败，被误解，受冷落等，如能使孩子正确对待和处理，便可以达到提高孩子挫折耐受能力的目的。

此外，在日常生活中还可以适当设置让儿童希望受挫的情景。例如，父母和孩子比赛谁跑得快，父母完全可以多次让孩子输掉，为了鼓励孩子，偶尔让一下，也是可以的。但很多父母总是让孩子赢，因为如果孩子输了要哭，为了不让孩子失望，父母总是故意当输家，以换取孩子灿烂的一笑。这样一来，孩子从小该遇到的挫折都被疼爱他们的父母给扫除了，该穿过的荆棘都被父母斩断了。生活中从没有遇到过风浪，道路上布满了鲜花，一切都是称心如意，如何能培养出孩子对挫折的耐受能力？

有一位父亲有意让孩子经受一些挫折，他和儿子有约，吃午饭后，儿子收拾桌子他洗碗，但有个条件，如果儿子收拾得不好就要接着洗碗。儿子小心地收拾了，而且实际上，桌子也比平时收拾得干净得多，儿子满以为顺利过关了，可父亲挑剔地检查时仍发现了一点油渍，于是他平静地说："对不起，这次碗该你洗啦"。想想，儿子作了努力且明明比平时还好，却过不了关，肯定产生遗憾、失望——挫折感。这正是这位父亲故意给儿子设置的挫折情景，故意让他心理受挫。他认为，让儿子经常遭遇些类似的挫折情景，孩子就学会了镇静地接受不如意的现实，正确地控制情

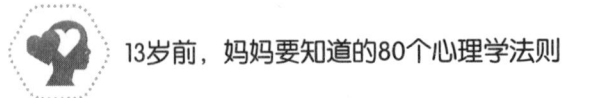

绪而避免过度的挫折感。

当然，操作时要注意，不同的孩子面临同样的挫折情景产生的感受是不同的。如果挫折感过度，以至于沉溺于灰心、失望、自卑、退缩状态，便应该以关心、鼓励、积极暗示、幽默诙谐等方法，帮助孩子走出困境。

现在的孩子大多是独生子女，父母望子成龙、望女成凤心切，故娇生惯养，关怀备至。孩子想要什么就能得到什么，很少尝到困难、挫折的滋味，养成了怯懦、吃不得苦、经不起挫折等不良品性。因此，有远见的父母，应当有意识地为孩子创设一些"困境"，让他们逐步提高耐挫折的心理承受力。

(1)羁放纵，设疑置难。过于宠爱，会导致孩子自私放纵，父母可适当地为难一下这些孩子。根据孩子的实际情况，设置一些经过努力可以克服的困难，使他们在与困难做斗争的过程中，体验到成功的喜悦，从而增长智慧、提高勇气、磨炼意志。如根据孩子喜欢活动这一特点，故意设置一些有点难度的活动，让他们开动脑筋多思考，依靠自己的力量来解决困难，使他们体会到跳起来摘到的苹果滋味更美。当然父母在孩子遇到难于克服的困难时，应适时地加以指导和启发，防止他们由于缺乏耐挫折力而失掉成功的机会，或敷衍了事，半途而废。

(2)抑任性，处事明理。孩子的任性，如不适时得到矫正，就会成为不良"顽疾"，后果不堪设想。对此，父母应该有意识地矫正孩子的这种任性心理，使孩子懂得：人生是会有失败与成功的，只有提高自我控制能力，抑制任性，才会身处逆境而不丧气失志，才能做到胜不骄、败不馁。

(3)息迁就，循路入境。许多父母教育诱导不足，姑息迁就有余，一切以金钱开道，甚至是你吃完这碗饭奖赏5元钱，导致孩子经不起挫折。所以父母还应该有意识地培养孩子的受挫的心理，当孩子落后时，切忌同情心过分外露，因为这些孩子多在表扬声中成长，已经滋生一定的虚荣心，容不下挫折。这时应当采用"冷处理"的方法，让他们静静地反省自律，吸取教训，扬长避短，这对于培养他们的不怕受挫的心理品质是十分

有益的。

(4)长才干，储能蓄势。不少父母在家庭教育问题上陷入误区，父母或"忘我奉献"或"心灵施暴"。有的从牙缝里抠出钱满足子女的非分要求；有的当子女偶尔考试成绩不理想时，便骂声开道，棍棒交加，使这部分学生没有勇气面对挫折。要想纠正这种错误做法，父母可运用故事激励法，让他们增强战胜困难和挫折的信心。如张海迪身体瘫痪，但仍以毅力的大锤敲开了生活大门的铁锁，用意志的犁铧开垦了知识的沃土的故事等。这样，故事中的主人公对待困难挫折的积极精神、乐观态度及处理方法，会潜移默化地影响孩子，使得他们今后再遇到挫折，都会有所准备而不至于惊慌失措，在心理上增强抵抗力。

父母应该十分重视培养孩子的耐挫折力，让他们在受挫折中长一智，让他们在抵抗挫折中不断成熟。

黄金启示

1.让孩子正确认识挫折。作为父母，在孩子遇到种种挫折时，首先要教会孩子正确对待，既不过分夸大挫折的正面作用，也不否定挫折带来的消极影响，应该积极地引导孩子使其认识到——在人的成长过程中，顺境可以出人才，逆境也可以出人才，而往往逆境中成长起来的人其生命力、竞争力大大超过顺境中成长起来的人。挫折一方面可使人产生痛苦的心理；另一方面又可给人以教益和磨炼，从而使孩子认识到挫折的两重性，了解挫折的特点，对挫折有充分的心理准备。

2.教会孩子体验挫折、直视挫折。心理学家告诉我们，那些饱经风霜的人和从小就受到适当的抗挫折训练的人将来的发展前景更佳。因此，父母要引导孩子主动地在生活实践中克服困难，从战胜挫折中获得经验，不断成熟起来。特别是要创设一定的挫折情境，让孩子在生活实践中得到锻炼，从而帮助孩子体验挫折，进而培养孩子对挫折的承受力。

3.教会孩子勇敢地面对挫折。勇于面对挫折，不但能使孩子在今后的人生道路上可以走得更加平稳，父母也少了许多不必要的麻烦。但这种教导要从孩子还是幼儿的时候就开始，从小培养他们直面挫折的意识和勇敢承受挫折的能力。父母作为孩子的第一任老师，在孩子个性的形成过程中起着非常重要的作用。人的一生会经历许多痛苦和挫折，孩子经历的第一次挫折很可能就从吃药打针开始。

4.让孩子承受些挫折。父母要舍得让孩子承受些挫折，以提高其对挫折的忍受能力，他们今后才能够勇敢地面对生活，战胜困难。中国有句古话"享童子福，背老来时"，这句话有其深刻的哲理。"享童子福"无非是指人在童年时养尊处优，过着饭来张口，衣来伸手，两耳不闻窗外事，不为生活操心，不为生存发愁的日子。用人们喜欢的一句话说，叫"生活在蜜罐里边"。但殊不知，过度的舒适不仅不能保证孩子感受到今天生活的幸福，而且给孩子将来的生存带来很多后患。因为，这样的人，经受的困难和挫折的磨炼较少，心灵养得娇弱，就经不起风吹雨打。将来生活中一遇挫折，心理上便很难适应，容易产生过度的挫折感，难以适应正常的社会生活。

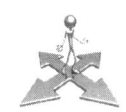

D—14　王永庆法则

> **黄金小贴士**
>
> 天下之事，常成于勤俭而败于奢侈。培养孩子勤俭节约的意识，是塑造良好品德的开端。

"节省一元钱等于净赚一元钱。"这是台湾企业界"精神领袖"台塑总裁王永庆提出的理念。我们称为"王永庆法则"。

在现实生活中，我们大多看重的是财富的创造，对于节俭似乎注意不够，有时甚至认为这是小家子气。殊不知，节俭也是理财的一部分。学会了节省每一分不必花费的钱，你也就学会了对财富的运用和创造。

盖茨和一位朋友同车前往希尔顿饭店开会，由于去迟了，以致找不到停车位。他的朋友建议把车停在饭店的贵客车位，盖茨不同意。他的朋友说"我来付"，盖茨还是不同意。原因很简单，贵客车位要多付12美元停车费，盖茨认为那是"超值收费"。作为一位天才的商人，盖茨认为：花钱像炒菜一样，要恰到好处。盐少了，菜淡而无味，盐多了，苦咸难咽。哪怕只是几元钱甚至几分钱，也要让每一分钱发挥出最大的效益。一年夏天，32位世界级企业家(总资产超过英国一年的国民经济总产值)举办了一次"夏日派对"，盖茨应邀出席这个盛会，身穿的一套服装，是他在泰国休

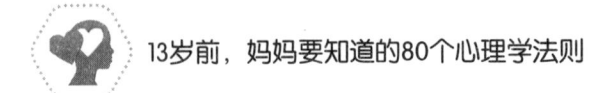

假时花了不到10美元买的，还抵不上"歌星""影星"干洗一次衣服所花的钱。盖茨说，一个人只有当他用好了他的每一分钱，他才能做到事业有成，生活幸福。

俭朴是一切美德之源。曾宪梓先生日前说："回报祖国，捐资是最直接、最有效的方式，也是我终生的事业。这么多年来，我通过'曾宪梓教育基金'捐了很多钱。这笔钱，对我个人而言，是大数，对国家而言，只是小数。终生回报祖国，至死方休。这是我年轻时的梦想，也是我一生的抱负。这一点，我一辈子都不会变。"曾先生这段话说得多好，他作为香港有声望的知名人士，靠新中国的助学金读完了大学，到香港后白手起家，艰苦奋斗，成为著名的"领带大王"。而他的日常生活却极其俭朴，8块钱、10块钱吃一顿饭，来港39年没有去过一次夜总会，没有赌过一次钱，坚决不沾染任何不良嗜好。此情此景，实在让人肃然起敬。

美国的约翰·洛克菲勒拥有亿万家产，是世界排得上号的大富翁，可是他平时的生活十分节俭。他因商务外出，总是投宿比较便宜的旅馆。一次，他到纽约，在某饭店住宿时选了一间很便宜的房间，饭店经理知道他是大名鼎鼎的洛克菲勒后，不解地问："您的儿子到我这儿总要住最好的房间，您怎么只住这么便宜的房间？"洛克菲勒听后微微一笑，风趣地说："这没有什么奇怪，我儿子的父亲是百万富翁。"

节俭是穷人的铸币厂。一人节俭一家富，上节下俭财用足。一粥一饭，当思来之不易；半丝半缕，当念物力维艰。

俭朴的生活，不但可以使精神愉快，而且可以培养革命品质。天下之事，常成于勤俭而败于奢侈。

🔒 黄金启示

1. 培养孩子勤俭节约的意识，是塑造良好品德的开端。我们说"有钱难买幼时贫"，并不是让孩子去过"苦行僧"的生活，而是为孩子创造俭朴

的家庭环境，让孩子继承中华民族的俭朴美德。"以俭养德"的许多事例告诉我们：要把孩子培养成有志向、有追求、有出息的人，勤俭节约、艰苦朴素的教育是不可或缺的。这是给孩子的永久的财富。

2.教会孩子量入为出，勤俭持家。父母要经常给孩子讲勤俭持家的道理，使其懂得一粒米、一滴水、一度电都是通过辛勤劳动得来的。父母供他的衣食住行的所需费用，也不是不费力气挣来的。

3.从小事做起，养成节约的习惯。首先在使用学习用品上要讲节约，不要因为写错一两个字就撕掉一大张纸，不要老是碰断铅笔芯。同时，要在生活上节约，如人走灯灭，一水多用，爱护衣物等。

4.给孩子钱要有节制。无论您的孩子年龄多大，也无论您的经济条件如何，在给孩子零花钱方面，父母一定要有所节制，把钱的数额控制在孩子有能力支配的范围之内。一般来说，零花钱的数额并没有一个定数，父母要根据孩子的日常消费来预算。这些开支大多包括买零食、午餐费、车费、购买学习必需品的费用。另外，父母还要给孩子一些额外的钱，也就是说，您给孩子的钱，要比预算宽裕一些，这样才能为孩子的存储创造可能性。

D—15 蝴蝶效应

> **黄金小贴士**
>
> 善终者慎始，谨小者慎微。家庭教育要从一个个细节做起。

20世纪60年代初，美国著名气象学家爱德华·洛伦兹在利用计算机进行"数值天气预报"试验时发现，计算机中输入的资料要是有微小的不同，其计算结果就会出现巨大的差异。

洛伦兹被这个现象迷住了，从此一头扎进深入的研究。皇天不负有心人，多年以后，洛伦兹研究出一个著名的科学理论——蝴蝶效应。

1972年12月29日，在华盛顿召开的美国科学发展学会上，洛伦兹发表了一个伟大的演说《不可预测性：一只在巴西翩翩起舞的蝴蝶能否在德克萨斯州引起一场龙卷风？》

演说内容是：一只生活在亚马孙河流域热带雨林中的蝴蝶，偶尔扇动几下翅膀，两周以后，可能会在美国的德州引起一场威力巨大的龙卷风。为什么会这样呢？洛伦兹解释道：蝴蝶翅膀的反复运动，导致其周边空气系统发生微妙的变化，从而产生一股微弱的气流。而这股微弱的气流，又会引起四周空气相应的变化，继续诱发一系列连锁反应，导致天气系统更大的变化，以此类推，最终产生一场威力无比的龙卷风。洛伦兹的这个研

究发现引起科学界的轰动。从此,"蝴蝶效应"理论闻名四方。

蝴蝶效应的本质是:任何一个微小的事物,都可能引起一场巨大的变化。"蝴蝶效应"的翅膀给我们的头脑也扇起了一场思维风暴。它给了我们很多启示,它启示我们不要忽略任何微小的事物,它启示我们一个微小的进步可以积累出巨大的成就,它启示我们只要有作为必定有成果,它启示我们可以从小事做起逐步到达最终的目标,它启示我们应该做好身边的每一件小事……

家庭教育是由一个个细节组成的。每一个细节,串联起来就成了习惯。正是这些细微的习惯构成了一个人的素质底蕴。习惯,决定了孩子的人生。因此,我们说,细节的养成,决定了教育孩子的成败。

小事成就大事,细节成就完美,习惯改变人生。1961年4月12日,苏联宇航员加加林乘坐4.75吨重的"东方1号"航天飞船进入太空遨游了89分钟,成为世界上第一位进入太空的宇航员。他为什么能够从20多名宇航员中脱颖而出?

苏联宇宙飞船计划登陆月球之前,培训了四十几个宇航员,但只打算选择其中的一个。在确定人选前一个星期,这些准宇航员首次登上宇宙飞船参观熟悉。就是这一次参观,确定了最终的人选,他就是加加林。航天飞船的主设计师罗廖夫发现,在进入飞船前,只有加加林一个人脱下鞋子,只穿袜子进入座舱。就是这个细小的举动,一下子赢得了罗廖夫的好感,他认为这个27岁的青年既懂规矩,又如此珍爱他为之倾注心血的飞船,于是决定让加加林执行人类首次太空飞行的神圣使命。加加林通过一个不经意的细节,表现了他珍爱他人劳动成果的修养和素质,也使他成为人类遨游太空的第一人。

展示自己的完美很难,需要每一个细节都很完美;但毁坏自己很容易,只要一个细节没有注意到,就会给你带来难以挽回的影响。有这样一个例子,北京某外资企业招工,报酬丰厚,要求严格。一些高学历的年轻人过五关斩六将,几乎就要如愿以偿了。最后一关是总经理面试。在到了面试时间之后，总经理突然说："我有点急事，请等我10分钟。"总经理走后，踌躇满志的年轻人围住了老板的大办公桌，你翻看文件，我翻看来信，没一人闲着。10分钟后，总经理回来了，宣布说："面试已经结束，很遗憾，你们都没有被录取"。年轻人疑惑不已："面试还没开始呢！"总经理说："我不在期间，你们的表现就是面试。本公司不能录取随便翻阅领导文件的人。"年轻人全傻了。

一个不经意的细节，往往最能反映一个人的修养和深层次的素质。加加林脱鞋子的举动，体现了他对别人劳动成果的尊重；而未经允许即翻看经理文件的年轻人，甚至缺乏基本的礼貌。

"海不择细流，故能成其大；山不拒细壤，方能成其高。"细节的成功看似偶然，实则孕育着成功的必然。细节不是孤立存在的，就像浪花显示了大海的美丽，但必须依托于大海才能存在一样。

在企业界的运行规则里，有一句较为经典的话叫"细节决定成败"。一些教育界人士认为这同样适合于培养正在成长中的孩子，对未成年人讲大道理不能说没有作用，而更为重要的是从根本上触动孩子思想的神经，从生活中点点滴滴的小事情、小细节抓起，把小事做细。

美国哲学家罗素说："一个人的命运就取决于某个不为人知的细节。"西班牙思想家巴尔塔沙·格拉西安也说："完成一幅完美的画卷很难，需要每一细节都完美；但只要一个细节没有画好，整幅画卷就会功亏一篑。人生在世也是如此，有时一个细节就会改变你的命运。"

1987年，75位诺贝尔奖获得者在巴黎聚会。有人问其中一位："您在哪所大学学到您认为最重要的东西？"那位老人平静地说："是在幼儿园。""在幼儿园学到什么？""学到把自己的东西分一半给小伙伴；东西要放整齐；吃饭要洗手；做错事要表示歉意；午饭后要休息；要仔细观察大自然。从根本上说，我学到的最重要的东西就是这些。"而这些，不就是点点滴滴的细节吗？

中国有句古语：千里之堤，溃于蚁穴。小小的疏忽和损失都有可能发展

成大的漏洞。失败往往隐藏在我们行事过程中，并不是在失败的结果中。佛教中讲因果报应，道理是一样的，种下失败之因，才会结出失败之果。

黄金启示

1. 教子从细节抓起。可以这么说，从细节中可以看出一个人、一个民族、一个国家的文明程度。因此，父母教育孩子必须从小事抓起，长期坚持。习惯的养成，反映在日常生活中的每一个细节上。一些细枝末节的小事，对孩子的成长来说，可能件件都是大事。要让孩子从身边的小事做起。事无大小，每做一事，总要竭尽心力，力求完美，精益求精。这是成功者的一种标记。凡是有所作为的，都是那些做事不肯自安于"尚可"或"近似"，而必求尽善尽美的人。

2. 扬长避短或取长补短。大多数的孩子喜欢大人对其优点加以肯定和赞扬。当孩子对新鲜事物产生新奇感，有强烈的热情，有意愿要进行探究时；当孩子对别人的一些事情表示要给予热情帮助时；当孩子对自己感兴趣的事情，急忙要去做时……父母不要放弃对其正确的引导。此时的孩子正处于兴奋之中，父母在表示给予热情支持的同时，提示和引导孩子如何才能把事做好，如他所做的事情可能做不好的原因在什么地方？由于马虎会造成什么损失？还应给孩子通俗易懂地讲一讲"动机与效果"的道理。以上的引导在于使孩子养成在做任何事情时，都应认真地、细致地思考在前，然后再行动，这样成功的可能性就大。同时，由于思考在前，就会使孩子在思想上重视自己要做事的成功率。由于事前的思考和重视结果，就会调动孩子自身的内在潜能，克服做事马虎、毛躁、毛手毛脚、慌慌张张、丢三落四的毛病。

3. 引导孩子事事养成计划性。父母应给孩子讲，一个人不管做什么事，都应有一个周密的计划，先做什么、后做什么、事前做哪些准备、如何开始等。也可以告诉孩子做事之前用一小纸条写上自己要用的物品及时间安

排等。这样做会产生事半功倍的良好效果。有个孩子四年级时开始住校，周末回家。他有一个很好的习惯，就是在自己的铅笔盒里放上一张小纸条，记上想把自己在学校的什么东西周末带回家，学校需要什么东西要从家里带。每次回家前按纸条记录的内容整理物品，回家后第一件事就是整理回校应带的物品。多年的住校生活从来没有遗落什么东西。工作后，每次出差外出前也是把需要带的东西一样一样计划好，然后一样一样地收拾装箱准备停当。

4.**放手促其独立，自己的钉子自己碰，经验教育并存**。经过父母的帮助和引导后，父母还应辅导孩子自己去完成，然后让孩子去做。这是培养孩子良好习惯的"教、扶、放"的三个有效步骤。其中的"放"一定要放得干净，让孩子独立地去做事，他可能会碰钉子，就让孩子自己去碰，自己的教训是最好的教训，自己长的经验是最好的经验。

5.**父母的以身作则是帮助孩子培养严谨细致的作风和精益求精习惯的关键**。父母要严格要求自己，以身作则，首先严格要求自己，再去严格要求孩子。父母在培养孩子在做事时，只要他能比一般普通的孩子做得更为良好、更为敏捷、更为精确、更为可靠、更为整齐些，更能不断创新、运用自如些，自然会不断发展和进步了。

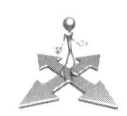

D—16 路径依赖

> **黄金小贴士**
>
> 播下一个行动,你将收获一种习惯;播下一种习惯,你将收获一种性格;播下一种性格,你将收获一种命运。

拿破仑·希尔说:"播下一个行动,你将收获一种习惯;播下一种习惯,你将收获一种性格;播下一种性格,你将收获一种命运。"

俗语说:思想决定行为,行动决定习惯,习惯决定品德,品德决定命运。

人们一旦作了某种选择,就好比走上了一条不归之路,惯性的力量会使这一选择不断自我强化,并让你不能轻易走出去,生活中的这种现象就被称为"路径依赖"。

一个广为流传、引人入胜的例证是:现代铁路两条铁轨之间的标准距离是4英尺又8.5英寸,为什么采用这个标准呢?

原来,早期的铁路是由建电车的人所设计的,而4英尺又8.5英寸正是电车所用的轮距标准。

那么,电车的标准又是从哪里来的呢?

最先造电车的人以前是造马车的,所以电车的标准是沿用马车的轮距标准。

马车又为什么要用这个轮距标准呢？

英国马路辙迹的宽度是4英尺又8.5英寸，所以，如果马车用其他轮距，它的轮子很快会在英国的老路上撞坏。

这些辙迹又是从何而来的呢？

从古罗马人那里来的。因为整个欧洲，包括英国的长途老路都是由罗马人为它的军队所铺设的，而4英尺又8.5英寸正是罗马战车的宽度。

任何其他轮宽的战车在这些路上行驶的话，轮子的寿命都不会很长。

可以再问，罗马人为什么以4英尺又8.5英寸为战车的轮距宽度呢？

原因很简单，这是牵引一辆战车的两匹马屁股的宽度。

故事到此还没有结束。

美国航天飞机燃料箱的两旁有两个火箭推进器，因为这些推进器造好之后要用火车运送，路上又要通过一些隧道，而这些隧道的宽度只比火车轨道宽一点，因此火箭助推器的宽度是由铁轨的宽度所决定的。

所以，最后的结论是：路径依赖导致了美国航天飞机火箭助推器的宽度，竟然是2000年前由两匹马屁股的宽度所决定的。

第一个使"路径依赖"理论声名远播的是道格拉斯·诺思，由于用"路径依赖"理论成功地阐释了经济制度的演变，道格拉斯·诺思于1993获得诺贝尔经济学奖。

诺思认为，"路径依赖"类似于物理学中的惯性，事物一旦进入某一路径，就可能对这种路径产生依赖。这是因为，经济生活与物理世界一样，存在着报酬递增和自我强化的机制。这种机制使人们一旦选择走上某一路径，就会在以后的发展中得到不断的自我强化。

"路径依赖"理论被总结出来之后，人们把它广泛应用在选择和习惯的各个方面。在一定程度上，人们的一切选择都会受到路径依赖的可怕影响，人们过去作出的选择决定了他们现在可能的选择，人们关于习惯的一切理论都可以用"路径依赖"来解释。

德国哲学家康德从小就在父亲的教育下养成了严谨的生活习惯。据

说，他每天散步要经过镇上的喷泉，而每次他经过喷泉的时候，时间肯定指向早晨7点。这种有条不紊的作风正是哲学家严密思维的根源。可见，良好的生活习惯对于一个人的成功起着积极的作用。

家庭是孩子成长的第一环境，是孩子习惯形成的摇篮，6岁前的儿童主要生活在家庭中，家庭生活对孩子的影响是非常重要的。

有一个叫阳阳的孩子，由于父母工作繁忙，阳阳从小就跟随爷爷奶奶生活，爷爷奶奶对阳阳非常宠爱。他们对阳阳总是照顾得无微不至。当阳阳进入幼儿园时，还不会独自上厕所，不会自己吃饭，不会自己睡觉……阳阳在生活中根本就没有学到良好的自理习惯！这时候，阳阳的父母才意识到问题的严重性，赶紧把阳阳接到家中，对阳阳进行生活习惯的训练。

在实践中养成习惯，要不断身体力行，使习惯成自然。陶行知先生的生活教育理论非常重视在做中学。因此，他主张在做中养成习惯，即在实践中养成习惯。他在《教育的新生》一文中写道："我们所提出的是：行是知之始，知是行之成。行动是老子，知识是儿子，创造是孙子。有行动之勇敢，才有真知的收获。"

叶圣陶先生也认为，要养成某种好习惯，要随时随地加以注意，身体力行、躬行实践，才能"习惯成自然"，收到相当的效果。

黄金启示

1.好习惯终身受益，坏习惯贻害无穷。著名教育家曼恩说："习惯仿佛一根缆绳，我们每天给它缠上一股新索，要不了多久，它就会变得牢不可破。"这个比喻非常形象、智慧。它把习惯比喻为一根绳索，每次行为的重复，就相当于又为它缠上了一股绳索。很显然，每天缠，不断缠，缆绳会越来越粗，终有一天，会粗到牢不可破。根据科学家的研究，一个好习惯的养成要21天时间，这是一个平均数。养成的习惯不一样，每个人的认真程度不一样、刻苦程度不一样、所用时间不一样，因此我们把它确定为一个月。习惯是个庞大的体系，它可以是学习上的习惯，也可以是健康上的习惯、消费上的习惯、与人相处的习惯等。这么多习惯在培养的时候要统筹安排，分清主次，明确先后，有步骤地去培养。开始时要由浅入深、由近及远、由渐进到突变，要宁少勿多、宁易勿难。对旧习惯的克服，要放在有了毅力以后再进行，要先培养好习惯，在好习惯的培养过程中，人的毅力会慢慢增强，当达到一定程度的时候人就有了力量去对付那些坏习惯。如果一开始就去碰那些坏习惯的话，容易受到阻力，挫伤人们对习惯培养的信心。

2.教育就是培养习惯。习惯支配人生。孩子从小养成良好的习惯对今后的生活有决定性影响，因为它是一贯的。在不知不觉中，经年累月影响着他们的品德，暴露着他们的本性，左右他们的失败。多一个好习惯，就多一份自信；多一个好习惯，就多一份成功的机会；多一个好习惯，就多一份享受生活的能力。

培养孩子的良好习惯的环节和方法可以概括出六大步骤。

（1）认识习惯的重要。

（2）与孩子及相关人员一起讨论制订适当的行为规范。

（3）进行形象感人的榜样教育。

（4）持之以恒地练习。

（5）及时而科学地评估引导。

（6）逐步培养良好的集体风气。

父母必须有足够的思想准备，培养一个好习惯或改正一个不良习惯是艰难的，但也是必需的。

3.要创造机会培养好习惯。良好的习惯是在反复实践中养成的。因此，要尽量给孩子创造一些机会，并督促检查。生活即教育，父母应该积极为孩子创造适宜的家庭环境，同时，父母应当经常在行为、举止和谈吐等方面给孩子一个最好的榜样，讲话时要注意礼貌、举止要文雅，表现出高尚的情操、道德行为和良好的习惯。如果能够经常这样以身作则，这种长期

熏陶使孩子在潜移默化中得到最佳的教养，通过日积月累，让孩子的良好习惯在不知不觉中形成。

4.培养孩子的好习惯，要有信心。我们常说万事开头难，一个新习惯的诞生，必然会冲击相应的旧习惯，而旧习惯不会轻易退出，它要顽抗，做垂死挣扎。另外，我们的肌体、心灵也需要时间从一种状态过渡到另外的状态，需要一个适应过程。从记忆的角度讲，人也需要不断复习新建立的好习惯，要强化它。所以，头三天要准备吃点苦，要下功夫，要特别认真。过了这一关，坦途就在眼前。同时，切忌"虎头蛇尾"。培养好的习惯不是一朝一夕的事情，改掉一个坏的生活习惯也不是三下五除二的事情，都必须付出长期的努力。要有韧性，不能试验了一段时间后，发现没有什么效果就不了了之了，那样，今后再培养起来会更加困难。

D—17 回潮效应

> **黄金小贴士**
>
> 向前进需要毅力,往后退易如反掌。培养一个好习惯很难,但养成一个坏习惯很容易。

已经晒干或烤干的东西又变湿,已消失的旧习惯、旧思想等重新出现。这就是"回潮效应"。

人们在日常生活和繁杂的工作中,自然而然形成一种为人所忽略的习性——习惯,这是决定一个人一生平坦与坎坷,失败与成功,乐观与悲观,失意与得意的关键之处。习惯极大地影响着人类的行动,没有好习惯,很难成功;有了坏习惯,又绝对不能成功。

这是一位母亲对儿子不合理的要求,成功地进行拒绝的例子。

儿子出生后,作为唯一的孙子和最小的外孙,备受双方老人的宠爱。渐渐地,独生子女的坏习惯几乎叫他占全了。

三年后,我们有了自己的小家。把儿子的许多坏习惯,特别是乱要东西的坏习惯改过来成了我们生活中的首要任务。我开始一步步实施策划已久的计划。

一天,在儿子的要求下,我答应带他去逛商场。临行前,我跟儿子约

定：只看不买，否则就不去。儿子满口答应："行！"说实在的，以前我最怕的是带儿子逛商场，儿子的小眼睛一旦扫到玩具柜台上，不管适不适合，只要他看中就一定要买。

到了商场，像以往一样，儿子照例要光顾一下三楼的玩具城。突然，一种可以发射子弹的玩具枪引起了儿子的注意，他便缠着我要买。我说不买。这下可不得了，他顿时大哭起来，边哭边说，别的小朋友都有，只有他没有，不买就回去告诉爷爷奶奶、外公外婆，只要买了他就听话，以后什么也不要……我给他讲不能买的道理，甚至妥协给他买别的玩具以及他喜欢吃的果冻、饼干。可他根本不理这一套，咬紧牙关一个字——买！并且越哭越凶，最后，索性赖在地上不走了。

这时，服务员及许多顾客都围了过来："现在都是独生子女，就给孩子买一个吧。""玩时注意点安全不就行了。"你一言他一语的，说得我尴尬极了，真想一买了之。可是一想起自己的计划，便又横下一条心：不买！我对儿子说："你走不走？你真的不走？那我走。"我躲在楼梯口，很久才见儿子抹着眼泪跟了出来。见到我，儿子的小眼睛冲我翻了又翻。

回到家里，我开始告诉儿子，他什么样的要求可以得到满足，什么样的"非分"之想会被拒绝，儿子似懂非懂地听着。

有了这第一次成功的拒绝之后，我开始拒绝给他整理玩具，拒绝给他穿鞋子，出去玩时拒绝抱他……并努力引导他自己的事情自己做。渐渐地，儿子的不合理要求、不良习惯少了，生活的自理能力却增强了。

上述的这种现象想必大家都很熟悉吧，是父母的纵容和溺爱造成了孩子的任性和自私的性格。面对孩子越来越多的要求和日渐叛逆的性格，父母到了拿出威信来拒绝孩子的时候了。

习惯是由一个人行为的积累而定型的，它决定人的性格，进而成为决定人生的重要因素。所以说，好习惯可以把人引向光明的前途，坏习惯则把人领向黑暗的深渊。因此，对于我们每个人，尤其是孩子身上的坏习惯一定要加以纠正，因势利导，使坏习惯变成好习惯。

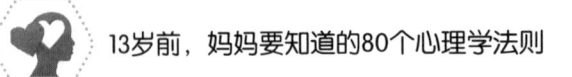

好的习惯是开启成功的钥匙，而坏的习惯则是失败的铺路石。俄罗斯教育专家乌申斯基的论述更准确："良好的习惯乃是人在其神经系统中存放的资本，这个资本不断地增值，而人在其整个的一生中享受它的利息。坏习惯则是道德上无法偿清的债务，这种债务能够用不断增长的利息去折磨人，去麻痹他的最好创举，并使他达到道德破产的地步。"

黄金启示

1.对孩子的不正当要求坚决拒绝。 家里所有的人包括爷爷、奶奶，对孩子的态度和语言都必须保持一致。无论孩子在任何地方向你大吵"我要、我要、我要"，你都要能够从容应付。开始时先不要在公共场所拒绝孩子的要求，因为你可能会被孩子的哭闹弄得很狼狈。为了让孩子了解到你说话确实是算数的，你可以先在家里做给孩子看。下一次，你在带孩子去商店以前，对孩子讲清楚你只买列在购物单上的东西，他可以要一两种他喜欢吃的东西，你把它们也写在单子上，在路上要不断地对他的合作进行表扬。进商店之前，再向孩子重申一遍你的要求，只买购物单上的东西。如果孩子要喝饮料，而他并不十分渴，你就拒绝他，话说出口后也不要再改口。一旦告诉孩子你的决定，就要坚持，即使他又哭又闹也不要心软。这是一个关键时刻，你一定不能动摇，因为这对你是一次很重要的学习机会。这时，你只要想一下让步只会进一步助长孩子利用哭闹要东西的习惯，你就能够坚持下去。

2.不同性格的孩子应有不同的拒绝招式。

孩子有不同的性格脾气，父母也可以针对自己孩子独特的气质，摸索出一套适合孩子的拒绝方式。大致有以下几种方法。

容易兴奋的孩子——采用强制休息片刻法。对过于兴奋、听不进劝的孩子，可以把孩子带到另一个场所，让他脱离使他兴奋的环境，强制他休息片刻。

有好奇心的孩子——采用转移注意力法。孩子注意力不集中，容易被新鲜事物所吸引。要善于把孩子的注意力从他坚持的事情上转移到其他新奇、有趣的地方。这样，孩子很快会忘记刚才的要求和不愉快。

胆小而又依赖性强的孩子——采用轻柔的暗示法。如果孩子不愿意睡觉，缠着妈妈，你不妨问他："妈妈明天还要上班，你觉得妈妈累不累？""你该怎么做呢？"

好胜心强的孩子——采用激将法。充分利用孩子的好胜心理，让拒绝变成鼓励。如，孩子不愿打针，父母可以说："奥特曼连怪兽都不怕，一定也不怕打针。你呢？"

父母的教育是一个潜移默化、树立规矩的过程。只有言行一致的父母才能在孩子的心目中树立起威信来。

3.父母对孩子的拒绝一定要前后一致。不能因为今天心情好，便纵容孩子一些；明天心情不好，便对孩子严格一些。这样会让孩子无所适从。拒绝不是因为金钱缺乏、心情不好而采取的行动，它是一个让孩子对周围环境、对行为规则进行认识的教育机会。拒绝孩子的不合理要求，树立行为规则，一开始需要父母和外界的不断点拨、刺激，时间长了，在父母的拒绝过程中，孩子便能学会自我控制，从被动接受外界的教育转化为自律、自觉地自我克制。如父母一开始便明确规定孩子睡觉前不能吃糖，并一直贯彻执行，孩子自然会养成良好的习惯。这里我们需要提醒父母们的是：说"不"之前，请先自我反省当你急急忙忙拒绝孩子的要求、对孩子说"不"的时候，也请审视一下自己，看看自己有没有以身作则。例如，带着孩子出去用餐，你自己高声谈笑，却要求孩子安安静静地坐好，不要到处乱跑。试想，孩子会听你的吗？所订的标准是否合理。例如，当孩子提出是否可以不练钢琴时，请先想一下你对孩子的要求是否已经超出他的承受范围了。

D—18 横山法则

> **黄金小贴士**
>
> 有自觉性才有积极性,无自决权便无主动权。

"最有效并持续不断的控制不是强制,而是触发个人内在的自发控制。"这是日本社会学家横山宁夫提出的,后被称为"横山法则"。

自制力是能够控制自己、支配自己并自觉调节自己行为的能力。它表现为既善于促使自己去完成应当完成的任务,又善于抑制自己的不良行为。孩子自制能力的培养对于他们今后走入社会具有重要的意义。

哈佛女孩刘亦婷的妈妈就非常注意培养孩子的自制力。她认为:有的人管得住自己,有的人管不住自己。管得住自己的人不仅不会沦为"人渣",还有可能成为"人杰";管不住自己的人不仅不会成为"人杰",还有可能沦为"人渣"。既然我希望婷儿往"人杰"的方向发展,当然要把她培养成一个管得住自己的人。所谓"管得住自己",就是有足够的自制力推动自己做该做的事,并阻止自己不做不该做的事。当刘亦婷有了一定的独立能力,却又不具备是非观念的时候,刘亦婷的妈妈是这样培养孩子的。

她首先给婷儿划出了第一个"可以"与"不可以"的范围。划定范

围，建立"可、否"观念，并要求孩子遵守规定，对孩子的成长非常重要——在克制着不做某些事的过程中，培养的是通向成功的另一种重要素质：自制力。

刘亦婷的妈妈说——范围一旦划定，就必须始终如一地要求孩子遵守。用日本皇后美智子当太子妃时教育孩子的话来说，就是"一次也不能例外"，违反了就要惩罚。

当然，在孩子刚刚开始出现破坏性行为的时候，大人就必须分清无意破坏和有意破坏。无意破坏是由于肌肉不够发达和动作不够协调造成的，不是粗心大意和有意破坏。有些有意破坏属于孩子的探索性的行为，如打破鸡蛋，乱翻抽屉；还有些属于试探性行为，如推倒积木，撕碎报纸；还有些属于参与性和模仿性的行为，如将种好的花或菜拔起来又重新种下去，等等，应区别对待，不能一味禁止。尤其重要的是，当你发出"不能这样"的警告时，一定要告诉孩子"可以怎样"。

对于才1岁5个月大的孩子光靠说教是不行的。要制止婷儿胡闹，如把东西往地上扔，你越制止她越来劲儿，这时需要的是转移注意力。你只要说"请婷儿把床上的毛巾放在被子上（或沙发上）"或"请婷儿把地上的书放回书架上"……她就会马上停止胡闹，高兴地执行命令。

一天，我在切冬瓜，婷儿要抢菜刀。我就对她说："婷儿，帮妈妈把冬瓜皮丢到簸箕里。"婷儿马上就帮我干起来。一块块、一趟趟地丢着冬瓜皮，既管住了她，又在培养她爱劳动、爱帮忙的好品质。

与划定"可、否"范围同步进行的是，及时建立起奖惩制度，帮助婷儿强化"对、错"观念……婷儿每做错一件事，我就让她自己打屁股。她就把小胳膊伸到后面使劲地拍，嘴里还念叨着："打！打！"打上几下，就"妈妈！妈妈！"地叫着让我来打。我开始以为婷儿把这当成游戏了，后来才发现，婷儿懂得这是惩罚行为。你看，每当她认识到自己做错了事，如弄脏了手等，就自己请"打"，或把手伸到你面前讨"打"。

刘亦婷妈妈坚信，性格基础是早期生活奠定的，最初几年的生活习

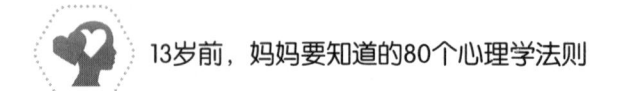

惯，父母态度，家庭气氛，以后都会慢慢变成孩子的性格特点，每一个习惯在其开始形成的前几天特别重要。因此，她妈妈在每件事的一开头就坚持要女儿按要求做，不该做的事一开头就坚决不让她做，以后也从不迁就。

在此，刘亦婷妈妈还提醒其他父母，许多孩子稍遇一点不顺心，就靠哭来解决，因为他们发现父母一看见孩子哭心就软了，以为一哭大人就会满足他，以哭来作为要挟大人的条件。遇到此种情况，做父母的绝不能心软，否则，如果让孩子琢磨出了这一"诀窍"，以后就难办了！为了防止女儿养成不珍惜物品、讲求物质享受、浪费金钱和不体贴他人的坏性格，刘亦婷妈妈从不轻易满足她的物质要求，以免她习惯于不劳而获。而且，为了培养同甘共苦的好品德，刘亦婷妈妈的从不让她独自一人吃任何好吃的东西，让她觉着"分享"是正常的，愉快的，"独吞"是不正常的，可耻的。

为了强化女儿的自制力，刘亦婷妈妈经常在下班的路上把女儿带到商场门口，然后让她选择："如果你不喊我买东西，我们就进去逛，如果你喊我买东西，我们就不进去。你选吧。"当女儿表示："妈妈，我不喊你买东西"时，刘亦婷妈妈就带着她在商场里到处逛，教她认识各种物品。这对一个只有几岁的小孩来讲，要克制各种物质的欲望是很难的，但是，长期多次地重复这种克制欲望的过程，对于培养孩子的自制力有着极大的好处。

黄金启示

1.引导孩子逐步学会自己评价自己。 用那些教给孩子的"可、否"观念来评判自己的行为是对还是错，这样孩子就会自觉以此来约束自己。

2.培养温和的性格。 要孩子学会做事不要只想自己，要从他人的角度考虑自己做得是否适当，如别人对自己这么做能不能接受，温和地对待周围的人，在任性、专横跋扈的时候，要努力使自己保持冷静，并能接受父母

的批评。

3.学会冷静分析。在遇到问题时，要学会先分析各个方面丝丝缕缕的利害关系，再做出自己的决定，保持冷静的状态，遇事不要慌慌张张。

培养孩子的自控心，方法较多，这里主要介绍培养孩子自控心的七个原则。

（1）控制时间。时间虽不断流逝，但也可以任人支配。孩子学会控制时间时，就能改变自己的一切。

（2）控制思想。控制思想也就是要学会客观、公正、科学的思维方法，既要对过去的事情进行理性的反思，对现实进行热情而不失理智的观摩、参与，同时，也要对未来进行合理的构想。

（3）控制接触对象。孩子无法选择共同学习或一起相处的全部对象，但他们可以选择共度最长时间的同伴，也可以认识新朋友，找出成功的楷模，向他们学习。

（4）控制沟通的方式。孩子可以控制说话的内容和方式。记住，一般谈话的时候，是学不到任何东西的。因此，沟通方式最主要的就是聆听、观察以及吸收。

（5）控制承诺。孩子应选择最有效果的思想、交往对象与沟通方式，我们有责任使它们成为一种契约式的承诺，定下次序与期限。让孩子按部就班，平稳地实现自己的承诺。

（6）控制目标。孩子有了自己的思想、交往对象以及承诺之后，就可以定下生活中的长期目标，这个目标也就是孩子的理想。有了理想，他就要为之而奋斗不息。

（7）控制忧虑。一般人最关心的莫过于创造一个喜悦的人生。能控制忧虑调节情绪的人，往往最先接近预定目标。

D—19 蓝柏格定理

黄金小贴士

压力只有在能承受它的人那里才会化为动力。教子成才的父母要教会孩子如何面对压力、解除压力、战胜压力比什么都重要。

"没有压力便没有动力。"这是美国银行家路易斯·A.蓝柏格提出的，人称"蓝柏格定理"。

杨晴是个品学兼优的学生，可她的父母对她还是不十分满意，妈妈说："你的总成绩虽然在年级前三名，可是有的单科成绩却落到了年级二十名以后，你要多加努力，争取每科成绩都在年级前三名。这个目标我早就给你定下了，你又不是不知道。还让我怎么说你呢"。杨晴的眼眶里早已充满了泪水。

这位母亲把压力不自觉地往孩子头上压，会把孩子压垮的。当人的压力过重时，压力就会变成苦恼，人就会出现腹泻、发痒、皮肤病、做噩梦等症状，行为表现也会出现退缩、沉默寡言、异常挑衅等问题。有的研究还表明，在孩子成长过程中有紧张压力与他成年以后患上高血压、心脏病以及癌症等疾病有密切联系。所以，做父母的一定要经常帮助孩子解除压力，让孩子活得轻轻松松，绝不能让过重的压力压垮了孩子。

许多孩子对压力的反应是独自面对，并把它藏起来。如果你的孩子以前话挺多，突然变得深沉起来，那他一定是遇到了问题。你应该设法帮助他，多与孩子谈话、交流、沟通，让孩子说出感到紧张不安、苦恼、产生压力的原因，这有利于孩子自己化解压力，也有利于你去帮助孩子化解压力。

专家认为，持续过强的压力对孩子来说是一种沉重的精神负担，容易造成孩子的心理障碍。而有的父母则认为，就应该有些压力，因为"人没有压力轻飘飘，井没压力不出油。"越是学习成绩不好的孩子，就越应该给他压力。考试、排名次都是为了刺激孩子的上进心，学习压力将迫使他们树立远大抱负，向高目标努力。可实际情况怎样呢？根据调查和测试发现，学习成绩的好坏与压力的大小在一定范围内呈负相关。有些时候给孩子太多的压力会事与愿违。

之所以出现这种现象的一个原因可能是学习成绩与压力形成相互反加强的关系，压力大，成绩反而差，成绩差又会导致压力增加，结果成绩更差，从而形成恶性循环。正因为如此，所以当压力大到一定程度时，那些成绩较差的同学会选择以看电视、玩电子游戏等来逃避学习。而成绩好的同学要是外来压力过大，如父母向他提出一些不切实际的要求，同样会妨碍孩子的学习，致使孩子成绩下滑，并可形成恶性循环。一位教育研究者也说过："80%的学习困难与压力有关。解除那个压力，你就能解决那些困难。"

父母不要给孩子制定不切实际的奋斗目标，不要给孩子的行为太多的约束。有的父母不顾孩子自身实际，只知道让孩子这个拿第一，那个要优秀，就会给孩子增加巨大的压力。鼓励态度的父母则可能说："虽然你比他考得差些，但只要你像他那样努力，你可能做得比他更好"。这两种态度的最终结果可想而知。所以，要想减轻孩子的压力，应该理解孩子、多与孩子交流；应该尊重孩子，对孩子表示信任；要积极鼓励孩子，尤其是在孩子失败的时候。还有的父母只让孩子学习，这也不让干，那也不让干，这也会让孩子感到压力。

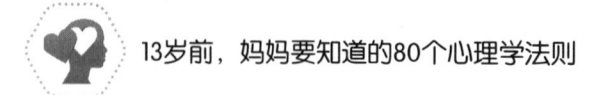

黄金启示

1.让孩子接受大自然的熏陶。 带上你的孩子走进大自然，共度悠闲时光，接受大自然的陶冶，在大自然宽大温暖的怀抱中，一切烦恼、紧张、压力都将置之脑后，随风飘散。

2.培养孩子承受压力的坚强意志。 人们对待压力的态度，还取决于人的意志力的强弱。意志力是一种精神力量，精神压力只有靠这种精神力量才能战胜。徐特立说："我从来不知道什么是苦难，失败了再来，前途是自己努力创造出来的。"其实，压力也有两重性，它可以把人置于死地，也可以使人置之死地而后生，关键在于你意志力的强弱。面对精神压力，一切痛苦、失望都是懦弱的表现。不要企求别人帮你减少压力，恩赐的东西是靠不住的，要靠自己的意志力去战胜精神压力。

除上述提到的方法外，做父母的还可以采取积极鼓励的态度，这也能大大减轻孩子的学习压力，而父母对孩子的否定态度则往往会增加孩子的学习压力。

D—20 沸腾效应

> **黄金小贴士**
>
> 只差一点点，往往是导致最大差别的关键。做任何事情，要想取得成功，都必须有一种坚持不懈的习惯。

水温升到99℃，还不是开水，其价值有限；若再添一把火，在99℃的基础上再升高1℃，就会使水沸腾，并产生大量水蒸气来推动机器，从而获得巨大的经济效益。这被称为"沸腾效应"。

只差一点点，往往是导致最大差别的关键。做任何事情，要想取得成功，都必须有一种坚持不懈的习惯。叶圣陶说："教育就是习惯的培养……凡是好的态度和好的方法，都要使它化为习惯，只有熟练得成了习惯，好的态度才能随时随地地应用，好像出于本能，一辈子也用不尽。"父母培养孩子坚持不懈的习惯，鼓励孩子用坚韧不拔的毅力面对困难和挑战。

坚持就是胜利，坚持就能成功。父母要对孩子坚持做事的习惯给予鼓励，坚决把每一件事做完。看一看下面的故事。

地中海畔的一座小城——西班牙的奥罗佩萨，世界国际象棋儿童分龄组冠军赛正在这里紧张地进行着，来自82个国家和地区的选手中，一位中国小姑娘最引人注目，她在已赛完的前九轮较量中唯一保持全胜，提前两轮飘然捧走了16岁年龄组比赛的冠军奖杯。"这是新的奇迹,中国人天生会下棋!"在这位中国小姑娘无可争议的夺冠后,一位西班牙资深棋手感慨地说。

这位小姑娘就是王瑜。伴随王瑜16年人生经历的是一串串耀眼的光环——第十三届世界少儿国际象棋14岁组冠军;全国少儿国际象棋14岁组冠军;全国国际象棋锦标赛女子组冠军;世界青年国际象棋16岁组冠军;亚洲国际象棋青年女子组冠军……王瑜13岁就获得"国际象棋大师""国家级运动健将"称号,成为新中国国际象棋史上最年轻的国际大师,比世界冠军谢军获此项称号还早一年。她被国际棋联授予"国际棋联大师"称号,后又被授予"国际大师"称号。一名"国际大师"与一个平凡而艰难的家庭在常人眼中,似乎有些不相称,但用王振虎的话说,正是这种艰难的生活,造就了王瑜坚持不懈、自强自立不服输的品格。

王瑜出生不久,母亲就精神失常了。父亲王振虎一夜之间仿佛苍老了许多,但性格倔强的他,并没有因此倒下,他默默地告诫自己,一定要坚强地走下去,独自一人把王瑜培养成才。值得欣慰的是,小王瑜天资聪慧,4岁就已经熟背《孩子学古诗》四套本,5岁学完小学一二年级课程,还先后参加了书法、电子琴、珠算学习班。天真活泼的小王瑜在父爱的滋润下,不仅没有因家庭的不幸而自卑,反而对知识产生了浓厚的兴趣。王瑜上小学的时候,就报名参加了学校里的国际象棋学习班,很快便崭露头角,在校、区级比赛中频频获奖,成为一名品学兼优的特长生。

为了支持女儿练棋,只有初中文化、对国际象棋一窍不通的王振虎也捧起了棋书。每天晚上,父女俩在灯下边读棋书,边研究棋艺,一学就是大半夜。一次,王振虎听说中国棋协要在天津举办全国性比赛,他找到市棋队领导,自荐为大赛做一名义务会务人员,接站、送站、登记、打扫卫生,苦活、累活他抢着干。一位北京的著名教练腿扭伤了,王振虎买来药酒,一遍遍为他按摩治疗,感动得这位教练主动提出一定要为王瑜教一次棋。半个月的义务服务,王振虎没挣到一分钱,却抱回一沓子裁判员们丢

弃的比赛对局记录草稿纸。父女俩欣喜地将这些"废纸"一张张压平、粘好，成了王瑜保存多年的一本珍贵的教科书。

　　学习棋艺是一个枯燥乏味而又异常艰苦的过程，时间一长，小王瑜难免有些厌倦。为了鼓励女儿坚持不懈地学下去，王振虎常常跑遍津京书店，搜集国际象棋书籍，每买到一本新书，王振虎都要在书的扉页上摘抄一两条名言警句，有时甚至不辞辛苦专程赶到北京，只为给女儿求得棋界名人的一句赠言和一个签名。为了稳定王瑜参赛时的情绪，王振虎多次自费陪女儿到外地参加比赛，尽管常常被拦在场外，他也要让女儿感到爸爸就在身边。为了给女儿增加营养，王瑜住市棋队训练的一年多，王振虎每天骑一小时自行车，坚持给女儿送饭。女儿住队每月要交600多元生活费，还要订阅多种棋类报刊，再加上去各地参加比赛的费用，一年下来要花费上万元，对于王振虎这样的家庭无疑是一个沉重负担。王振虎将自家的生活费压了又压，多年来，夫妻俩没添过一件新衣服，家里没添过一件家用电器，但无论生活多苦，王振虎也从未动摇过支持女儿学棋的决心。

　　父亲挑起家庭重担的艰难在女儿心中留下深深的烙印。小王瑜暗下决心，一定要努力学成棋艺，早日替父亲分忧。时隔不久，一个业余国际象棋队向王瑜发出邀请，以月薪500元聘请王瑜执教。每月500元，可不是个小数目啊！相当于爸爸一个月的工资了！王瑜心里暗自高兴，自从自己学棋后，家里的日子就过得更加艰难，多亏亲朋好友经常接济，才算勉强坚持下来，有这样一个挣钱的机会，爸爸知道了一定会很高兴。那天，当王瑜特地从棋队赶回家，将这个好消息告诉爸爸时，王振虎的脸一下子沉下来，大吼着："不许签约！"竟第一次动手打了女儿一巴掌。王瑜委屈地哭了，她怎么也没想到，这个四处为自己讨教棋艺从不厌烦的好爸爸，这个照料自己生活无微不至的好爸爸，此刻为500元的事，竟发这么大的脾气。王振虎呆望女儿片刻，禁不住也落泪了，他一把抱住女儿声音颤抖地说："好孩子，你是为了家啊！爸不该打你，可是，爸爸不同意你为钱的事分散精力，家里再难，有爸一人顶着，你现在唯一的任务就是专心练棋。"

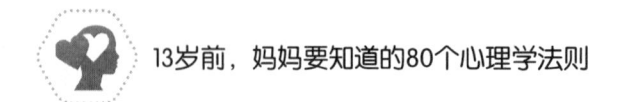

斗转星移，年复一年，王振虎一家走过了一段不寻常的路，王振虎的心血终于没有白费。1996年，王瑜入选国家集训队，先后多次在全国大赛和国际大赛中取得骄人成绩，成为一名国家集训队的主力。

王瑜的父亲就是培养了孩子坚持不懈的性格，无论有什么变化，都充满信心。

黄金启示

1.在孩子完成一件任务后，要根据付出的劳动，给予恰当的鼓励和肯定。如果未能完成任务，要帮助孩子分析原因，指出努力的方向，鼓励并帮助孩子继续完成。

2.坚持经常性的锻炼，培养孩子做事养成善始善终的良好习惯。经常性的磨炼，可从小事做起，如作业要认真对待，力所能及的家务活要认真完成等。

时间课堂
——时间掌控孩子的人生

E篇

E—01　帕金森时间定律

黄金小贴士

时间,对于每一个人都是平等的,一天都是24小时,对待时间的态度不同,时间贡献的效益可就大相径庭了。

时间,是世界上最长又最短的东西。每个人都是在时间的长河中开始人生的旅途,每个人的生命都是在时间的长河中发展的。谁能够把握时间,谁就会利用时间,谁就能最早接近成功的终点。所有希望孩子成才的父母,要培养孩子做时间的主人,这会使他们终身受益。

时间意味着什么?这些年来流行的说法是"时间就是金钱"。事实上,在时间和金钱之间,还有效率和财富。也就是说,争分夺秒——提高效率——创造更多的财富才是现代人的时间观念。时间比钱还要珍贵,珍惜时间就是珍惜生命。

著名生物学家赫青黎曾经说过:"时间最不偏私,给任何人都是一天24小时。时间也最偏私,给任何人都不是24小时。"究竟怎样利用这24小时呢?不同的人会有不同的选择。大凡有成就的科学家和伟人,都不虚度自己的年华,他们珍惜生命的每一秒钟。

一个做事迅捷、工作效率高的人,即使同时应对几件事也能愉快胜

任；而一个行动迟缓、推三阻四的人，也许一天下来连一件事也做不成。两人的区别在哪儿？就在于前者已经养成了习惯，而且掌握了做事最简捷的方法；而后者，只是学会了拖延，他的事情总是完不成，所以时间也总是不够用。

帕金森时间定律指出，工作会自动地膨胀并占满所有可用的时间。成功的人必须为每一项任务规定最后的完成期限，如果你给自己安排了充裕的时间，你便会放慢节奏以便用掉所有分配的时间。

时间是悄无声息流失的。在每一段时间里，孩子所做的事情并不都是有意义的。有些甚至是在浪费时间和生命。浪费时间，是孩子们的大敌。美国的斯特娜夫人是一位享有盛名的早期教育家。她在教育自己的女儿的过程中，有这样一个故事。

有一天，孩子问斯特娜夫人："我想到朋友家里去玩，可以吗？"母亲说："可以，但必须要在12点半以前回来。"可那天孩子超过了10分钟才到家。母亲见孩子回来了，什么也没有说，只是指了一下墙上的钟。孩子知道回来迟了，马上抱歉地说："是我不对。"吃完饭，孩子赶快换了衣服，这是因为她们每到星期二就要去看戏或看电影。这时，斯特娜夫人再让孩子看看钟，并说："今天时间来不及了，戏和电影是看不成了。"孩子难过地流下了眼泪。这位母亲并不就此止步，而是紧逼一步，说了这样一句十分惋惜的话："这真遗憾！"她什么别的手段都未采取，却使孩子知道，母亲的正确要求是必须照办的，失误了，要来一番痛苦的反省。

许多孩子不懂得珍惜时间，这与父母对孩子的娇惯有很大关系。有的孩子爱睡懒觉，每天早上父母一遍又一遍地叫，直耗到不起床上学就迟到的时候，才匆忙起来，父母还得给孩子穿衣服、收拾书包、叠被子……这样做不但不利于培养孩子的时间观念，也助长了孩子依赖父母的习惯。在处理这类问题上，我们不妨学学斯特娜夫人的做法，让孩子自己尝尝耽误时间的苦果。有些自尊心的孩子也会从中吸取教训，以后会逐渐养成按时起床的习惯。当然采取这种以自然后果惩罚孩子的方法，父母要根据孩子的心理变化和实际承受能力把握时机，灵活运用。

🔒 黄金启示

1.培养孩子良好的时间观念。养成良好的时间观念是一个人做事成功的基本前提，但并不意味着全部。尤其是对少年儿童而言，良好的行为习惯是多方面的。父母是孩子的第一任老师，在与孩子朝夕相处的岁月中，最了解也最熟悉自己的孩子，同时，父母有意无意在孩子面前所表露出的一举一动，都对形成孩子的一些习惯性行为起着至关重要的作用。但由于一些父母的疏忽，总认为孩子还小，"树大自然直"，对孩子做事少闻少问、少导少管，正确的行为缺乏鼓励强化，错误的行为没有坚决刹住，久而久之，问题变得愈为突出，好习惯没有形成，却形成了许多坏习惯。

2.培养孩子的勤奋精神。时间，对于每一个人都是平等的，一天都是24小时，对待时间的态度不同，时间贡献的效益可就大相径庭了。鲁迅先生认为天才就是勤奋，他自己的成功，不过是把别人喝咖啡的时间用在了学习和工作上罢了。他不赞成那种空耗时间的人。他对自己的时间极其吝啬，一分一秒都不愿白白流失。他把时间比作海绵里的水，总是尽力去挤。人的生命也就是从生到死这一段时间的总和。所以说，鲁迅先生对时间的比喻，道出了生命的真谛，一个"挤"字道出了生命的价值、意义。若一辈子总是悠悠晃晃，无所作为，生命还有什么价值可言！若对时间没有"挤"的精神，想成就一番事业，岂不是懒汉做美梦——空想一场而已。有志者惜时如金，无志者空活百岁。不善挤时间的人，很难说他有什么宏图大志。

3.善于抓紧时间。为了不浪费时间，一切生活与学习用品，摆放要有序，要有定规；若摆得杂乱无章，常常为找东西浪费许多宝贵的时间。要从小养成今天事今天做的习惯，督促孩子把应该做的功课按时完成，不要随意推延。切忌明天复明天、明天何其多的拖拉作风。在养成按时完成任

务这个好习惯的过程中,父母要耐心细致地说服帮助,不可性急、焦躁,更不可采取粗暴强制的办法。在督促孩子完成他自己排定的任务时,要着眼于时间观念的培养,而不仅仅是应付差事。

E—02 伯伦森原则

> **黄金小贴士**
>
> 企业家说，时间就是财富；农民说，时间就是粮食；教师说，时间就是知识；作家说，时间就是金子；医生说，时间就是生命；哲学家说，时间是生活的希望；律师说，时间是公正的法官；战士说，时间就是胜利。珍惜时间，管理时间，不浪费时间。

如果时间会飞翔，我们每个就是驾驶员。不过，时间却并不能被每个人轻易地控制在手中。许多时候，我们老是在犯这样的错误：总把希望寄托在明天，不珍惜现在，因而浪费了许多时间。

伯纳德·伯伦森是美国的一位非常有名的学者。在他90岁生日时，有人问他最怜惜什么，他说："我最怜惜时间，我愿意站在街角，手中拿着帽，乞求过往行人把他们不用的时间扔在里面。"

据说，在瑞士，婴儿一出生，就会在户籍卡中为孩子登记姓名、性别、出生时间及财产等诸项内容。特别有趣的是，所有瑞士人在为孩子填写拥有的财产时，都会填上两个字："时间"。

人们往往认为，这儿几分钟，那儿几小时，没什么用，但它们的作用很大。时间上的这种差别非常微妙，要过几十年才看得出来。但有时这种

差别又很明显，贝尔就是这个例子。

贝尔在研制电话机时，另一个叫格雷的也在进行这项试验。两个人几乎同时获得了突破，但是贝尔到达专利局比格雷早了两个小时，当然，这两人是不知道对方的，但贝尔就因这120分钟而取得了成功。

父母要教育孩子珍惜每一次机会，认真对待每一天——

将时间用于工作，那是成功的代价。

将时间用于思考，那是智慧的来源。

将时间用于运动，那是青春的奥秘。

将时间用于阅读，那是知识的源泉。

将时间用于朋友，那是友情的所在。

将时间用于奉献，那是人生的真谛。

将时间用于空想，那是生命的浪费。

将时间用于微笑，那是减负的良方。

将时间用于计划，那是你能做好上述一切的秘诀。

人生与财富不平等，这就是生活。但对于时间而言，我们却真真切切地掌控着每天1440分钟(24小时/天×60分钟/小时)。人的生命是有限时间的积累。以人的一生来计划，假如以80高龄来算，大约是70万小时，其中能有比较充沛的精力进行工作的时间仅有40年，大约35万小时，除去睡眠休息，大概还剩20万小时。

关于时间的事实的确让人吃惊，每天这里几分钟，那里几分钟，加起来便是很多时间。任何人的时间都一样多，但普通人和成功者的区别就在于，他们使用每天1440分钟的方式不同！

黄金启示

1.**学会集中精力做事。**一旦养成了这样的习惯，就不会出现手忙脚乱、被动应付的局面。反而会觉得时间比较充裕。对我们来说，做作业集中精力、很快做完与拖拖拉拉、总也做不完比较，前者反而可以腾出更多可以自由支配的时间，可以去做自己喜欢做的事。

2.教育孩子要管理好自己的时间，重视时间的价值。要做的便马上去做，不为自己延迟进度找寻借口。同时，可以将时间凝固于纸上，做好学习和工作计划，并注意更新项目，定期检验学习效率及目标，使你的计划能按部就班地完成。

E—03 泰勒效应

黄金小贴士

由于孩子年龄小，自制力不强，往往不能很好地掌控自己，对自己的作息情况不能很好地把握，而良好的作息习惯又是至关重要的。凡是那些能够按时睡觉、按时起床、按时就餐、按时学习、按时活动的人、大多是身体健壮、学习成绩优良、自理能力强的人。

有句话说得好："从一点一滴的小事可以看见一个人未来的发展。"一个人要做点事，成就一番事业，没有好的习惯是不行的。严格遵守作息制度，可以使我们在学习时集中精力，因而提高效率。因此，生活有规律对学习、工作和保护神经系统以及整个身心健康都很有益处。

弗雷德里克·泰勒，在贝德汉钢铁公司担任科学管理工程师的时候，就曾以事实证明了这件事情，泰勒选了一位名叫施密特的先生，让他按照马表的规定时间来工作。有一个人站在一边拿着一只马表来指挥施密特："现在拿起一块铁，走……现在坐下来休息……现在走……现在休息。"他曾观察过，工人每人每天往货车上装大约12.5吨的生铁，而且中午时就已经筋疲力尽了。在对所有产生疲劳的因素作了一次科学性的研究之后，泰勒认为这些工人不应该每天只送12.5吨生铁，而应该能每天运到47吨。照他的计算，他们应该可做到目前成绩的四倍，而且不会疲劳，只是必须要运用合适的方法，这种方法就是一边休息、一边工作。

结果可想而知，别的人每天只能装运12.5吨的生铁，而施密特每天却能装运47.5吨生铁。而且弗雷德里克·泰勒在贝德汉姆钢铁公司工作的那3年里，施密特的工作效率从来没有降低过，他之所以能够做到，是因为他在疲劳之前就有时间休息：每个小时他大约工作26分钟，而休息34分钟。他休息的时间要比他工作的时间多——可是他的工作成绩却差不多是其他人的四倍！

良好的作息习惯，意味着要顺应人体的生物钟，按时作息，有劳有逸；按时就餐，不暴饮暴食；适应四季，顺应自然；戒除不好嗜好，不伤人体功能；尤其要保持足够的睡眠，保证每天有一定的体育锻炼时间。

不同的人，其生物钟的规律也不一样，大致分三类：昼型、夜型、中间型。但对于孩子来说，正处在身心发展时期，不管生物钟是什么类型，应当取得这样一个共识：上午8点开始，要进入学习，白天的学习任务安排得满满当当。如果过分强调夜型特点，非通宵达旦学习不可，等太阳升起来，却要倒床睡觉了。所以不应该过于强化孩子的生物钟类型，而应该适应学习的规律。

保持足够的睡眠对人体的精力和健康是至关重要的。据研究，科学的睡眠时间是：7～12岁(小学阶段)的学生每天的睡眠应该为9～10小时，初、高中阶段为8～9小时。有些学生尤其是临考前常常挑灯夜战，晚睡早起。这种做法虽可以理解，但由于挤占睡眠时间太多，导致睡眠时间太短，使得大脑得不到应有的休息，结果就会影响大脑的反应敏感度、记忆力、思维能力，也影响人的心理情绪。这样复习效率不高，考试时的状态也不佳，常常得不偿失。

拿破仑·希尔到麦迪逊广场花园去拜访一位参加世界骑术大赛的骑术名将吉恩·奥特里。他注意到他的休息室里放了一张行军床，"每天下午我都要在那里躺一躺，"吉恩·奥特里说，"在两场表演之间睡一个

小时，"他继续说道，"当我在好莱坞拍电影的时候，我常常靠坐在一张很大的软椅子里，每天睡两次午觉，每次10分钟，这样可以使我精力充沛"。

良好的作息习惯还反映在饮食习惯上。我们的身体正处于生长发育时期，新陈代谢旺盛，对营养需求全面，需要量相对于成人更大，因此，良好的饮食习惯对于保持身体的健康发育，其意义是不言而喻的。

良好的饮食习惯包括营养全面，膳食平衡，定时定量进食，不暴饮暴食、偏食挑食、盲目节食，也不贪吃零食。特别是早餐问题，要养成吃早餐的良好习惯。俗话说："早餐要吃好，中餐要吃饱，晚餐要吃少。"这是人们在长期生活中积累起来的经验。

但遗憾的是许多同龄人经常不吃早餐或者早餐吃得很草率。不吃早餐容易感到疲倦，学习时易出现精神不集中，产生胃部不适和头痛。经常不吃早餐的人还会诱发胰、胆结石，影响身心健康。营养充足的早餐不仅能保证我们身体的正常发育，对学习效率的提高也起到不容忽视的作用。一个懂得利用时间的人，也是一个懂得休息的人。

黄金启示

1.**要树立时间观念，培养做事专一、抓紧时间的习惯。**时间如白驹过隙，稍纵即逝。时间一旦失去，就再也无法寻回。因此，要树立培养珍惜时间的观念，抓住生命中有限的时间去学习，这对成长是极为重要的。

2.**注意早睡早起，拥有充分的睡眠，能保证身体好。**健康的身体是开创学业、事业的根基，如果弱不禁风、病魔缠身，是难以取得好的成就的。因此，早睡早起，保证有充分的睡眠，这是拥有健康身体的至关重要的一步。

3.**注意孩子的年龄特点、兴趣爱好，安排好业余生活，保证心情舒畅。**

E—04 飞镖实验

> **黄金小贴士**
>
> 自由的时间是个性发展的空间,父母要给孩子更多的自由思考的时间与空间。

教育不是限制个性发展,而是创造出更为广阔的空间让其个性继续拓展。父母应该给孩子一个宽松的环境,鼓励孩子拓展想象的空间。

有一位心理学家曾进行过一个实验。他把实验者分为三组,练习投掷飞镖。第一组的人连续20天,每天都不停地练习飞镖掷向标靶,然后把第一天与最后一天的得分记录下来。

第二组的人只在第一天与最后一天进行飞镖练习,其余时间每天用20分钟"想象"——假想自己瞄准、投掷及修正等动作。

第三组的人只在第一天与最后一天进行实际的飞镖练习,此外未做其他任何练习。

结果心理学家发现第一组的实验者最后一天命中率,较第一天的提高了30%,第三组则一点也没进步,最令人啧啧称奇的是,第二组的实验者,竟也提高了30%,几乎与第一组的成绩不相上下,而第二组练习的时间大大少于第一组。

原因很明显，第二组的人学得最轻松，效益最高，因为他们既有练习的机会，又有思考与想象的空间。

孩子是有思想、有感情的人，但我们有的父母几乎包揽了孩子的全部生活，很少尊重孩子的个人愿望，久而久之，孩子的独立个性的培养被彻底抛到脑后，压抑了其个性品质的发展。殊不知，正是成人的这种表面上看似爱，实则相反的教育方式导致了孩子胆小、羞怯；正是成人的这种唯我独尊的教养方式，扼杀了孩子一个个创造的火花，导致孩子只知服从和听任摆布，使孩子丧失了独立的意志、独立的人格。结果，不仅没有促进孩子的健康成长，反而将无数的苦楚和哀怨积压在他幼小的心灵深处，从而使孩子的内心世界得不到良好发展。

有一位心理学家在谈到父母之爱时曾说："父母对孩子的爱并不是简单的给予，而应是理智的给予和不给予。"一个小男孩就曾对同学讲道："爸爸很爱我，从我出生的那天起，我要什么，他就给我买什么，一次塞给我几百元的零花钱，是常有的事。"难道这是真正的爱吗？还有一位在班上堪称"邋遢大王"的学生跟同学讲："妈妈很爱我，饭熟了，她把饭盛好端到我面前，有时候还喂我；作业写完了，她把铅笔替我削好，还把书包里的学习用具给我码放得整整齐齐；衣服脏了，她总是不厌其烦地给我洗干净，我要做，但她总是不让，这样的事情她几乎天天不辞辛劳地重复着，她真的很爱我。"尽管父母对孩子的爱是天底下最无私、最伟大的爱，然而，他们许多不明智的爱阻碍了孩子良好个性的形成和发展，这种"糊涂"的父母之爱致使孩子丧失了做人的最起码的锻炼机会，孩子在父母"宽厚"的呵护下不能经风雨、见世面，何谈施展才华、展翅高飞呢？孩子就像父母手中牵着的风筝，线放多长，他就飞得多高、多远。所有深爱着孩子的父母，请松开手中那根牵着风筝的线，没过多久，你会惊奇地发现，孩子长大了。

真爱孩子，应该将"尊重"和"平等"放在首位，父母要耐心地倾听孩子们诉说的痛苦和烦恼，真诚地与之交谈，渐渐地，孩子的独立性增强了，和爸爸、妈妈成了相互信赖的知心朋友；真爱孩子，应给孩子营造一片自由锻炼的空间，努力为他们提供丰富多彩的锻炼机会，凡是孩子自己能做的事，都让他们自己做；真爱孩子，还应让他们在复杂纷繁的人际交往中学会合作与处事的本领，勇于面对挫折和失败。

黄金启示

1.**父母要改变自己的教育理念**。飞镖实验会让父母们重新调整自己的家教策略，反思自己的教育行为，并马上付诸行动——将时间尽可能多地还给孩子去思考，而不应天天在孩子身边督促。

2.**给孩子更多的自由思考的时间与空间**。"望子成龙""望女成凤"的父母们，能够把课堂外的时间还给孩子，让孩子有更多的自由思考的时间与空间。如果你想不通，请想想飞镖实验的结果。

3.**让孩子学会独立思考**。父母在与孩子相处与交谈中，要经常以商量的口气，进行讨论式的协商，留给孩子自己思考的余地，要给孩子提出自己想法的机会。父母可根据交谈内容经常发问，如"这两者有什么关系""你觉得怎么做会更好？""你的想法有什么根据？"等问题，以引起孩子的思考。对于已上学的孩子，可采用启发式诱导孩子逐步展开思考。当孩子在想问题时，父母不要太热心、太性急，而应该留给孩子足够的思考时间。尤其不要轻易直接地把答案告诉他们，孩子答错了，可用提高性的问题帮助他们思考，启发他们自己去发现和纠正错误。

社会课堂
——合作锻炼交往的技能

F篇

F—01　晕轮效应

> 黄金小贴士
>
> 片面的感觉，必然获得片面的印象。

每当中秋时分，皓月当空，渐渐地玉盘周围出现了一个内红外紫的彩色光环，那光环显眼突出，笼罩整个月亮，使月亮变得朦胧，这便是月晕。心理学上借用月晕这一自然现象，把一个人某种突出品质或特点的清晰、深刻印象，由此作出整体印象的评价，从而掩盖对这个人其他品质和特点的印象，称为晕轮效应。这种强烈知觉的品质或特点，就像月亮形成的光环一样，向周围弥漫扩散，从而掩盖了其他品质或特点，人们形象地称为"光环效应"。

心理学家狄恩为此做了一个实验：让被试者看一些照片，照片上的人有的显得很有魅力，有的无魅力，有的中等。然后，让被试者在与魅力无关的特点方面评定这些人。结果表明，有魅力的人在各方面得到的评分都很高，无魅力的人则最低。换言之，有魅力也就有了好品质。这一实验证明了晕轮效应的存在。

就个体的认知水平、人格特征而言，一般来说，感情色彩较浓，又具有情绪不稳定(如情绪活跃、容易从一个极端走向另一个极端，转换较快)、

社会适应性较差(如不懂与人交往常规)、行为外向(如热情而不成熟)的人，容易轻信于人，产生晕轮效应。就性别角色而言，容易先入为主，一见钟情，产生晕轮效应的，女性多于男性。

但并非所有的人都容易对人产生晕轮效应。性格深沉、有较强独立见解和个性的人富于理智感和心理防御能力，他们不为一时的现象所动，往往从深层的价值和行为去认识人，所以不易产生晕轮效应。

晕轮效应有积极与消极之分。如果一个成绩平平、波澜不惊的孩子，在报刊上发表了一篇引起轰动的文章，则可能使父母、老师、同学整个地改变对他的看法；而当一个孩子令人讨厌的行为产生后，他就有可能被笼罩在消极的光环之中，变得一无是处。

晕轮效应不管是积极的还是消极的，都是一种对人、对事物最原始、最简单的认识。它是以直觉代替周密的观察、用情绪体验代替理智判断的认识方法。孩子涉世不深，思想方法简单，容易产生晕轮效应。对此，父母应予以十分重视。

黄金启示

父母对孩子的表扬或批评，应有足够的信息量，而且要提高自己认知的深刻性。这样，才不至于造成一叶障目，以偏概全，避免由晕轮效应带来的教育偏见。父母若是仅凭第一印象的认知或情绪共鸣，固化自己的认识，因此"一俊遮百丑"或"一丑遮百俊"，这对孩子是很不公正的，使孩子潜滋暗长妄自尊大抑或丧失自信，其后果便不难想象。

F—02　首因效应

> **黄金小贴士**
>
> 俗话说："良好的开端是事情成功的一半。"父母一定要重视孩子与他人的第一次见面、第一次活动、第一次交谈……

心理学上把人际交往中，由初次见面所形成的对一个人的印象，称为第一印象，其产生的心理影响被称为"首因效应"。

首因效应最早由美国社会心理学家S.E.阿希于1946年在关于印象形成的实验中提出。这个迄今为止仍然被认为是印象形成的经典实验是这样的：

阿希用了一个简单的程序，让被试者看有6个形容词的表。这6个形容词描写了一个假想的人。每个形容词都描写了这个人的稳定的内在特质。给一半被试者的形容词按这样一个顺序：(1)聪明的；(2)勤奋的；(3)冲动的；(4)爱批评的；(5)顽固的；(6)嫉妒的。给另一半被试者的形容词顺序恰恰与前面相反：(1)嫉妒的；(2)顽固的；(3)爱批评的；(4)冲动的；(5)勤奋的；(6)聪明的。

这些形容词排列顺序从积极的描述到消极的描述或相反，实验结果表明这种排序对形成印象确实有差别。阅读从"聪明的"到"嫉妒的"顺序的被试者，与阅读从"嫉妒的"到"聪明的"顺序的被试者相比，前者对

F篇 社会课堂——合作锻炼交往的技能

这个假想的人评价为更喜交际、更幽默和心情更愉快。

获得诺贝尔化学奖的温道斯,出生于德国哥丁根一个地位卑微的平民家庭。他小时候,有一次在街头与伙伴追逐玩闹,来不及避让一辆急驰而来的马车,被撞倒在地。马车的主人是位很有修养的寡妇。当她发现自己的马车撞伤了小温道斯时,感到非常内疚,立刻叫车夫把小孩抱上车,驱车前往医院。医生诊断温道斯没有生命危险后,她将温道斯带回家调养,并派人找到其父母。那贵妇人一见温道斯聪明、伶俐、活泼,留下很好的第一印象。在了解温道斯的家境和征得其父母同意后,她决定收养他。温道斯在养母的精心护理下,很快恢复了健康,以后又上小学、中学,以非常优异的成绩读完大学。大学毕业后,温道斯在哥丁根城开始了自己的科学研究工作。养母见温道斯年龄已经不小,便给他找了一位门当户对的豪门淑女作为对象。温道斯第一次见面,就对那淑女毫无好感,认为:"她有一种目中无人的自傲气焰,使人难以接受,它可能会压抑我的智慧和锐气。"养母尊重温道斯的意愿,取消了这门亲事。

这个案例证明,印象形成中的优先效应是存在的。所以,在对人的知觉中,留给人们的第一个印象是十分重要的。它会影响人们以后对这个人行为的解释和对人稳定内在特质的归因。经证明的一个事实:人在初次交往中给对方留下的印象很深刻,人们会自觉地依据第一印象去评价一个人,今后交往中的印象都被用来验证第一印象。人在交往中给对方留下的第一印象的好与坏,往往决定着今后的人际交往。第一印象不好,彼此以后可能就不会继续交往,也很难结成良好的人际关系。

首因效应有其一定的心理机制:一是与自己的意识、情感水平有关。当人们对他人或事物初次见面就有好印象时,一定是这些人和事与自己的认识或情感有共鸣的。二是情感的扩展或泛化。当人们对他人或事物初次见面就有好印象时,一定是这些人和事与自己过去喜欢的人相似,抑或与过去喜欢的人和事有关,否则,不会"一见钟情"。

人们对他人的认识总是由表及里、由浅入深的。首因效应所指的第一印象，对人的认识具有深刻性和持久性。所谓"一见钟情"，便是首因效应的结果。第一印象不仅深刻、持久，而且还是人际交往的重要依据。若是孩子与他人第一次见面，给人留下好印象，那么，以后彼此之间容易深入交往和沟通。温道斯被收养就是一例。若是作报告人一开始讲的内容就吸引人，那么，听众便会兴趣盎然地聚精会神听下去，反之，则成为后续行为的障碍。

首因效应在人际交往中随处可见，不可回避。因此，父母也应予以重视。

黄金启示

父母要指导孩子给人留下良好的第一印象。俗话说："良好的开端是事情成功的一半。"为此，父母一定要重视孩子与他人的第一次见面、第一次活动、第一次交谈。孩子第一次上学与老师、同学见面，穿着端庄合时、打扮得体，表现自然真挚、天真无邪，会给人留下品位不俗、活泼可爱、诚实守信，具有时代感的印象；第一次交谈，语言流畅、落落大方、谈吐文雅、风趣幽默，会给人留下思维敏捷、知识渊博、反应灵敏、聪明伶俐的印象；第一次活动，守时严格、认真踏实、高效有序，会给人留下能力高强、机智灵活、富有责任感的印象，这为以后的交往、学习和工作，奠定了良好的基础。因此，父母必须教育孩子十分重视交往、学习等活动中的任何一个"第一次"。

F篇　社会课堂——合作锻炼交往的技能

F—03　跷跷板互惠原则

黄金小贴士

人与人之间的互动，就如坐跷跷板一样，不能永远固定在某一高度，只有高低交替，整个过程才会好玩，才会快乐。

彼特是一位会计师，一个满怀雄心壮志的企业新贵，他告诉自己，凡事一定要精打细算，绝不能浪费任何资源，绝不放弃任何机会，要让自己随时保持在优势状态，无论大小事情，绝不能让别人超越一步！他甚至还运用了一些诡秘的手腕，把许多同业人士压在自己下面，以确保自己的地位。

果然，彼特获得了丰厚的收入，占尽了所有的好处，成了一个高高在上的商场大亨。可是他并不快乐，总觉得生活中好像缺了点什么，于是他越来越郁闷，越来越没笑容，最后，他得了轻微的忧郁症。

一个朋友介绍他去看一位心理治疗师，治疗师在了解了他的情况后，只在他的医嘱上写了一句话："每天放下身段，去帮助一个身边的人。"然后，便要他拿回去，两个礼拜后再来回诊。彼特觉得莫名其妙，但还是把处方拿回家了。

两个礼拜后，彼特又来到治疗师面前，但这次却是满面笑容地推开了门。"情况怎么样？"治疗师问，彼特开心地回答："真是太奇妙了！当我肯牺牲自己的时间、精力，去为旁人服务时，反而会得到一种说不出的欣喜！"

这则故事为"助人为快乐之本"这一古训作了最贴切的诠释。人与人之间的互动，就如坐跷跷板一样，不能永远固定在某一高度，只有高低交替，整个过程才会好玩，才会快乐！

一个永远不愿吃亏、不愿让步的人，即使真得到不少好处，也不会快乐。因为，自私的人如同坐在一个静止的跷跷板顶端，虽然维持了高高在上的优势位置，但整个人际互动却失去应有的乐趣，对自己或对方都是一种遗憾。

黄金启示

1.培养孩子设身处地为他人着想的品格。培养孩子的同情心，让孩子学会设身处地为他人着想。

2.教孩子学会倾听。要让孩子懂得与人交谈时应学会倾听并保持专注的眼神和微笑，因为这些是表现真诚的要领。

3.培养孩子帮助和体贴家人的良好品行。可以让孩子了解父母工作的不易和生活的艰辛，为父母分忧解愁。目的是培养孩子在享受父母关怀的同时，也细心关心父母。但有不少家庭，当孩子愿为辛劳一天满脸倦意的父母做些家务时，父母总是说："去做功课吧，好好学习就是帮爸爸妈妈最大的忙。"他们这是片面地培养孩子，把孩子变成了"小学者"，似乎周围所有的人都应该帮助和关心孩子，而孩子的任务仅仅是学习。这样的孩子很快习惯于家庭给予的一切。他们在家里没有任何义务，而有的仅仅是特权。因此，他们很容易滋长自私、冷漠，无视他人的快乐与痛苦的思想。与邻居友好往来，创造一种亲切、和睦、互相关心的邻里关系。这对孩子十分重要。目前，我们所居住的大多是单元楼房，邻里之间不来往，对孩子的教育不利。

4.在生活中培养孩子的同情心。同情他人是爱心的一种体现。缺乏同

情心的孩子只关心自己，只顾自己的快乐，而无视别人的痛苦，甚至会把自己的欢乐建立在别人的痛苦之上，这种孩子是很可怕的。有同情心的孩子往往比较会关爱他人，因此，父母要在生活中培养孩子的同情心。父母要学会利用生活中的事例从侧面来教育孩子关心他人、关心动物。比如，在看电视的时候，如果出现动物弱肉强食的画面，父母可趁机对孩子说："多可怜呀，人可不能这样子！"人们发现，幼年时期饲养过小动物的孩子，感情比较细腻，心地比较善良。相反，从小没有接触过小动物的孩子感情比较冷漠，与同学发生矛盾冲突时表现为冲动易怒，出口伤人，行为粗鲁，并且会欺负弱小的同学。只要孩子愿意养小动物和植物，父母尽可能允许。在家中养一些小狗、小猫、金鱼等小动物，或者养一些花花草草，让孩子去照顾，这样往往会培养孩子的爱心。

F—04　史提尔定律

> **黄金小贴士**
>
> 合作是团队精神的灵魂。

"合作是一切团体繁荣的根本。"这是英国前自由党领袖D.史提尔提出的,其本质就是力量的团结,牢不可破;团结的力量,无坚不摧。后来被称为"史提尔定律"。

到郊外野餐是美国孩子十分喜欢的假日活动之一。劳动节的周末,威尔逊和埃迪的父母要带他们去州里的国家公园爬山,然后野餐。

临行的前一天,一家四口人商量着该如何进行准备:妈妈负责去超市买食品,爸爸准备烤肉的炉子,9岁的威尔逊提出负责所有餐具,11岁的埃迪负责准备调料。爸爸提醒他们是否能列出一个单子,一则防止遗漏,二则若家里不够的物品,可及时去买。威尔逊很快就列出了单子,请爸爸过目,随后便开始准备;而埃迪却跑到外面找邻居的孩子玩。爸爸警告他带齐调料,否则野餐不会好吃。埃迪一边往外跑,一边说:"放心吧,我会带好的,别担心"。爸爸不大相信他会准备齐全,想自己来做,转念一想应当给埃迪一个锻炼机会,不要越俎代庖,于是便没有再督促埃迪。而埃迪也很开心地玩到很晚才回来,到厨房里忙了一会儿,搞出来一袋子瓶瓶

罐罐，便上楼回房去睡了。

第二天一早出发，爸爸并没有再检查埃迪的准备工作，一家人高高兴兴地上路了。走了两个小时的山路，选好了野餐的地点，大家开始准备午餐。等肉烤熟后，每人倒了一杯饮料，整理好盘子，围着野炊点的木质桌椅坐下，开始往烤肉上倒调料。"埃迪，烤肉汁在哪里？"埃迪伸手到袋子里去找，怎么也找不到。"我记得从冰箱内拿出来了，怎么会没有？""你有没有列在单子上？""我没有列单子，我记得我把所有的调料都拿出来了。"埃迪又翻了一遍，大家都在那里等着。埃迪最终没有找到，不觉惭愧地低下了头。

这样的经验教训是深刻的。埃迪知道由于自己的疏忽，不但影响了自己，也影响了别人，使这次的活动大为逊色。这时，爸爸并没有说一句责怪埃迪的话，但整个形势本身对他的教育已比任何话语更有效。妈妈和爸爸有没有想到埃迪会忘掉一些东西呢？完全可能，或者说是在他们的意料之中。如果爸爸出面督促埃迪按列的单子准备，情况会怎样呢？首先埃迪会感到爸爸不信任他有能力料理这件事，自尊心会受损；再者，爸爸反复督促，会使埃迪感到很大的行动限制，有为人所驱之感。这两项加起来就会产生抵触情绪，极可能甩手不干，或与爸爸短兵相接一场，让大家都不愉快，最后所有的事情还是需要妈妈来做。爸爸即使成功地迫使埃迪按照自己的方法去作了准备，野餐因此而毫无缺憾，但埃迪并没有学到任何经验与教训，反倒加深了对爸爸的强制方法的反感。

埃迪父母选择不参与的方式是明智的。尽管这次野炊因埃迪遗漏受到一些影响，但对埃迪的成长却有深远的影响，教育他懂得作为集体一员应具备的责任心，懂得做事要认真有程序的道理。

与人合作的能力，已成为当今世界人才的重要素质之一。目前，由于孩子中独生子女数量大大增加，任性、脾气大、与人合作能力差成为孩子中大多数人心理品质上的弱点。有些父母把孩子视为掌上明珠，对他们百依百顺，使这些孩子只知道自己，很少想到别人，逐渐养成了"以我为中

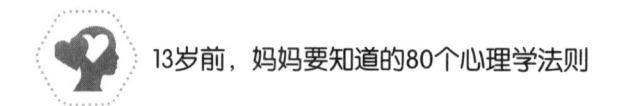

心"的不良心理。

🔒 黄金启示

1.**给孩子创造一个良好的家庭气氛**。一个整天争吵不休的家庭,很难造就出一个具有和谐人际关系的孩子。父母必须把家庭成员之间的关系处理得恰当、合理。对邻居、对同志、对来客都要热情、平等、谦虚、有礼貌。孩子会以父母为楷模,逐步养成尊重别人、爱护别人的良好品德。

2.**树立平等观念**。要教育孩子在平等的原则上为人处世,告诉孩子不管对谁都应树立平等的观念。要让孩子懂得,在人格上,人与人之间永远是平等的。遇事要无私,要言而有信。只有这样,人与人之间才能互相信赖、和睦相处。特别是要教育孩子严以律己,宽厚待人,尊重他人,不轻易地怀疑、怨恨、敌视他人。

3.**要让孩子多参加集体活动**。那些"以我为中心"的孩子,开始时在集体活动中很难与同龄伙伴和睦相处,只有碰了几次钉子以后,才会意识到在集体活动中一定要想到他人,让孩子在活动中获得与他人相处的经验。

4.**训练孩子合作思维的方法**。要使孩子所想的不仅仅是自己需要什么,而是整个活动、整个家庭需要什么,训练孩子的合作思维法,父母不无限度地迁就孩子的愿望,尽管有时这种愿望本身是合理的,但是它却意味着父母要做出过多的牺牲。

5.**保证孩子受锻炼的机会**。孩子们从小在家庭中学到的知识、培养的精神,都会渗透到他们的性格中去,而在长大后带入社会。一个懂得合作精神的孩子会很快适应集体操作的工作岗位,并发挥积极作用;而不懂合作的孩子在生活中会遇到许多麻烦,产生更多的困难,而无所适从。

F—05 模糊哲学

> **黄金小贴士**
>
> 性格迥异的人若能求同存异，取长补短，就能使得智慧不断升华，就能创造出更加辉煌的成就。

孩子正是长知识和培养能力的时候，进行良好的人际交往，互相学习，取长补短，注意发现和学习别人的长处，克服自己的短处，充分发挥人际交往中优势互补功能，对于把孩子培养成为全面发展的合格的跨世纪人才，其意义是深远的。

19世纪，德国的化学家维勒和莱比希，有着截然相反的气质和性格。莱比希豪爽开朗，富于挑战性；维勒温和沉静，遇事不露声色。他俩的性格如同水火，别人说维勒是"一盆冷水"，莱比希是"一团烈火"。两人合作伊始，很不习惯，常有摩擦。但由于他们经常沟通，加深了彼此间的理解，并共同致力于相同的科学课题，努力从对方身上汲取有益的启示，求大同、存小异、化小异、扩大同，两人合作得越来越默契，使得学术研究相得益彰，取得了卓越的成就，共同成为有机化学的创始人。

这个真实的故事告诉我们：只有奉行略小节而取大义的"模糊哲学"，才能在大目标一致的前提下优势互补，广结善缘，团结更多的人去

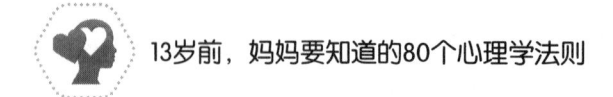

共同奋斗。这个故事还昭示我们：性格迥异的人若能求同存异，取长补短，就能使得智慧不断升华，就能创造出更加辉煌的成就。

在任何一个群体中，每个人的知识、能力、气质、性格都是各不相同的，不可能处在同一水平线上，各人有各人的优势，各人有各人的长处。优势互补，充分发挥各人的特长，是任何一个群体团结向上，取得成功的保证。

黄金启示

1.引导孩子取长补短。对孩子来说，优势互补的作用尤为明显。一个学校的学生、一个班集体的学生，往往来自不同的地区、不同的中小学、不同的家庭，他们的经历、以往所受的教育，他们的知识结构和社会活动能力，他们的气质和性格，均不完全相同，各人有各人的优势和强项。只有通过集体内部、同学之间、师生之间的交往，在多方面的双向交流中，取长补短，才能既产生整体效应，又使各人的才能得到更全面的发挥和增值。

2.发挥优势互助作用。现在的孩子是新世纪的人才。新世纪就需要不同知识、才能、气质和性格的人组成有效的工作或研究群体，这样的群体中所包含的知识结构、智能结构和所达到水平是任何单个人的能力和作用所达不到的。同时，人才之间的知识、能力和性格上的优势互助作用，又有利于每个人的发展和成长，达到既提高群体的整体素质，又提高个人素质的目的。

F—06 杠杆原理

> **黄金小贴士**
>
> 对孩子来说,调整"力臂"就是要学会正确交往,适应社会。

在欧洲和非洲环抱着的地中海区域,有一座美丽的岛屿——西西里岛。两千两百多年前,有一位中年人对国王陈述自己研究的杠杆原理,这个人就是著名的数学家阿基米德。

"给我一个支点,我就能撬动地球。"国王听后,大笑不止。"虽然你是我的亲戚,但是我也不要华而不实的空话,你能实际表演一下吗?""亲爱的国王陛下,我刚才只是打个比方,那样的支点是没有的。"阿基米德解释着,"我的意思是,我能够用很小的力借助工具和机械推动很重的物体。""好呀,那你给我们表演一下吧。"国王指着海边刚造好的一艘大船说:"随便你用什么工具和机械,只许你一个人,把这艘船推下水吧。"

几天以后,阿基米德再次来到王宫,邀请国王来到大船旁边。"尊敬的国王陛下,"阿基米德把一根绳子交给国王说,"请您拉动这根绳子吧。"国王疑惑地看着阿基米德,拉动了这根绳子。神奇的事情发生了,大船缓缓地向大海里移去。周围的人都欢呼起来,在人们的欢呼声中,大船平稳地滑进了大海。以前要上百人才能移动的大船,今天国王一个人就能移动了。

在故事中,阿基米德利用的是杠杆原理,他设计了一套杠杆滑轮系统，推动了大船。杠杆原理告诉我们，动力臂大于阻力臂，就是省力杠杆，反之则是费力杠杆。

在现实生活中，调整"力臂"就是协调各方面的关系，而协调关系也是一门学问。我们有时会发现这样一种现象：一些能力强的人，一生难成气候；一些看似平常的人，却取得巨大的成功；而还有些不怎样的人，竟也能够取得很好的成绩。这就是说，对"支点"利用得好，就能够成就一番事业；利用得一般，也可能办成一些事情；如果放着"支点"不去利用，那么成功的希望就非常渺茫。因此，在一个人的事业发展过程中，我们尤其应该借用阿基米德的杠杆原理，发挥"支点"和"力臂"的巨大作用。

对孩子来说，调整"力臂"就是要学会正确交往，适应社会。

尤其是随着年龄的增长，孩子的社会适应能力会明显提高。他们已经逐渐将关注由自己转向他人，更加愿意与他人共处，为了让小伙伴接纳自己，甚至不惜拿出自己最珍爱的玩具。此时的孩子非常希望能融于同伴之间，融于社会之中。

现在，越来越多的父母知道，孩子的社交能力已成为他将来能否成功的一大砝码。孩童时期的友谊不仅是成人后情感力量的巨大源泉，也是今后生活中的情感力量的巨大源泉。通过这种早期的亲密经历，孩子们形成了自我意识、自信和自尊。

黄金启示

1.培养孩子与人交往的技能。 孩子喜欢与他人，尤其是同伴交往，假如他不掌握交往的技能，就不会得到同伴的认同，甚至会受到冷落或孤立，这会为孩子社会性的顺利发展带来阻碍。

2.指导孩子与人正确交往。 在当代社会，交往能力日益显得重要。人与人之间几乎每天都要接触各种各样的事，产生形形色色的问题。假如孩子缺乏社交能力，用简单的方法去处理复杂问题，就可能惹出很多麻烦。既然这样，父母就应该及时指导孩子与他人正确交往。

方法课堂
——父母才是最好的老师

G 篇

G—01 "1+1>2"效应

黄金小贴士

"任何一种方法，不管哪一种方法，如果我们把它离开其他方法，离开整个体系，离开整个综合影响来单独分析的话，就既不能认为好的方法，也不能认为坏的方法。"家庭教育也是如此。

教育的一切现象和过程，几乎都是由若干部分(或要素)组成的有机整体，自成体系，又互成系统。整体不是部分(或要素)的简单相加，整体的功能总大于各独立部分的总和。这就是"1+1>2"。我们在分析、研究系统中的某个问题时，要从系统的整体出发，考察这个问题与整体，与构成整体的其他问题(部分)，甚至与系统外环境之间存在着什么样的关联，处于怎样的地位，具有怎样作用。在处理系统中某个问题时，同样要把这个问题放在它所在的系统中来考察。整体性的特点表明，孩子也是一个能动的主体系统。

李扬评上了"十佳好少年"。他父亲在介绍家庭教育经验的过程中，有一则故事对人们的启发很大。

有一次，李扬外语测验出人意料地亮了"红灯"，他表现出矛盾、焦虑。李扬父亲对孩子教育历来持慎重的态度，总是"像踢足球那样，统观

全场状况，再把球踢出去。"这一次也不例外。

他先是全面了解孩子近来的情况，发现担任班长的李扬特别忙：排练学校"六一"庆祝会文艺节目，准备参加市里举办的作文竞赛，就在外语测验前一天还到县里进行讲故事比赛等。接着，他系统分析孩子外语测验不及格的主、客观原因。从客观上看，孩子忙于准备作文、讲故事比赛和班长工作，无暇复习外语；从主观上看，孩子的发展面临着新的问题，如何全面提高孩子的素质，既能当好班长，又学好各门功课、发展兴趣爱好。这样，从总体上分析孩子思想表现后，他不仅没有责怪孩子，而且感到作为父母不能就事论事，要求孩子学好外语而放弃兴趣爱好，更不能强迫孩子学好各门功课而不做班长等社会工作，应该从促进孩子全面发展的要求出发，根据孩子的实际，研究总体上最有利孩子全面发展的教育方案，帮助孩子迈上新的台阶。

然后，他主动找班主任和外语教师联系，商量如何协同帮助孩子。他说服孩子的母亲正确对待孩子外语不及格的问题，从表扬孩子讲故事比赛获奖和班长工作做得好入手，找孩子谈心，帮助孩子分析外语测验不及格的原因。班主任指导李扬如何向优秀小干部学习，当好班长；外语教师辅导李扬如何根据艾宾浩斯的遗忘规律，尝试和掌握回忆和反复识记等多样化复习外语的方法，提高记忆效果。由于父母和学校教师紧密配合，形成教育合力，取得了"1+1>2"的效应。就这样，李扬不断进步，当好了班长，各科成绩优良。

不难发现，李扬的父亲教育孩子取得成效，其中重要的一点是他自觉或不自觉地运用了"系统方法"，就是从事物整体出发，全面综合地考察事物与环境之间、整体与要素(部分)之间的相互联系、相互制约关系，择优选取总体上最好的方案，求取最佳的效果。

系统方法来源于古代人类社会实践经验，自贝塔朗菲创立一般系统论以来，特别在20世纪20年代之后，作为一种崭新的科学方法进入科学领域，为认识论和方法论开辟了一条新的思路，提供了一种新的思想武器，

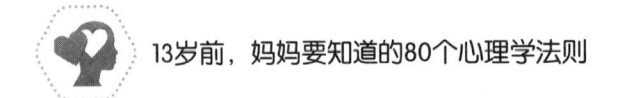

广泛应用于各个学科。乃至日常生活和工作。系统方法在家庭教育中应用，越来越受到家庭教育研究者和广大父母的重视，并且取得了显著的成效。

系统方法在家庭教育中应用的范围十分广泛，内容非常丰富。但是，马卡连柯认为，"任何一种方法，不管哪一种方法，如果我们把它离开其他方法，离开整个体系，离开整个综合影响来单独分析的话，就既不能认为好的方法，也不能认为坏的方法。"家庭教育也是如此。

黄金启示

1.从教育的整体发展出发，有效地运用教育的整体合力。李扬的父亲从孩子的缺点(外语不及格)看到孩子许多优点(班长工作负责、讲故事比赛获奖)，从孩子现在的状况发现孩子需要进行综合性教育帮助，避免"只见树木，不见森林"的错误判断和评价，防止了只考虑局部(诸如抓外语学习)而忽视整体(全面发展)的片面教育举措。李扬的父亲从促使孩子整体发展的目的出发，从家庭教育、学校教育是个有机整体的观点来考虑，从父母、教师是教育孩子的相互联系的系统着眼，主动联系教师，组成教育合力，有效运用整体合力教育效果大于父母和教师各自单独教育效果之和的系统效应，即通常所说的"1+1>2"效应。

2.把握孩子的心理特点，抓住孩子成长发展中的主要问题。教育现象之间，各种教育因素之间总是相互联系的，而且彼此的联系又是广泛的、多样的，有因果关系，有相互制约关系，有相互促进关系等。作为父母在考察孩子思想品德、行为表现时，要根据相关性的特点去观察、研究孩子的各种相关因素，不能把视野局限在某一事情上，更不能"一叶障目"孤立地看问题。我们要从时间上了解孩子的过去和现在，从空间上了解孩子活动交往的各个方面，分析哪些相关因素已进入孩子的主观心理领域，并与学生主体需要、动机、情感、兴趣爱好等发生了交互作用，并研究孩子为了满足什么需要，产生怎样的动机，期望达到怎样的目标，从而真正把握

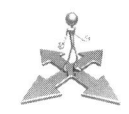

孩子的心理活动，真正理解孩子。李扬的父亲从孩子工作(排练文艺节目)、兴趣爱好(作文、演讲)、学习(外语)的相关性分析中，了解到孩子外语不及格，其直接原因是孩子顾及了班长工作(排练文艺节目)，注重了机遇难得的市作文竞赛和县演讲比赛而忽视了外语复习；而根本原因是孩子如何改进学习方法和科学安排时间，全面提高素质，做到学习、工作和发展特长三不误。通过寻本求源，明察孩子思想内部矛盾，抓住孩子成长发展中的主要问题，发觉其先兆性反应中潜在的主要因素和深层问题，改变家庭教育"头痛医头，脚痛医脚"和"慢一拍""马后炮"的被动局面，使教育方式方法更加科学化。

3.选择最佳的教育方案。任何教育现象、教育内容及教育方法都是由若干部分(或要素)组成的整体(或系统)。从家庭教育程序看，正如李扬的父亲那样，先全面了解孩子的外显行为表现，掌握真实可靠的情况，接着周密地进行系统分析，把握孩子的心理动态和内在动因，然后从孩子全面发展和家庭教育目标出发，从总体上采取最佳的教育方案。从家庭教育内容看，也是有层次和序列联系的。如现在许多父母日益重视的爱国主义教育，若以纵向序列排列，由爱具体形象的祖国草木山水、英雄人物、发明创造等较低层次，上升到树立为祖国献身、为共产主义奋斗的较高层次；若以横向序列排列，从爱可爱的家、文明的居住小区、喜爱的学校、巨变的家乡，进而爱伟大的祖国。这样，父母就能从孩子实际出发，配合学校，确定爱国主义教育的层次和序列，使教育内容更加系列化。同样，孩子思想品德发展也是有序的，即是一系列从量变到质变的螺旋式渐近发展。就某一种思想品德、学习能力、行为习惯的培养来说，也是从认识开始，经过模仿、尝试、练习，到完成父母提出的要求，再提高到自觉控制、自觉完善的程度。孩子发展的水平也是如此，有一个循序渐进的过程。如果孩子在发展过程中出现"反复"，根据有序性特点去分析研究，就不难发现，这种"反复"不是在较高层次上重现(进步)，就是较低层次上"重犯"(退步)，或是在同一层次上"重演"，从而使我们的教育更加具有

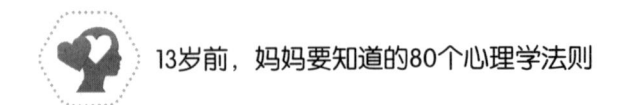

针对性。李扬的父亲在一定程度上,正是按照有序性的特点来看李扬的外语不及格,较为正确地认为,孩子外语不及格,不是退步,而是在面对学习、工作紧张繁忙的情况下,如何学好每门功课、求得全面发展的问题,从而采取帮助孩子迈上新台阶的教育措施,使孩子持续发展,成为"十佳好少年"。

4.选择最佳教育时机和最相宜的突破口,动态性——任何系统是一个"活"的有机体。系统的部分(或要素)之间、部分(或要素)与整体之间、系统和环境之间,都存在着物质、能量、信息的流动。系统的平衡和稳定,是一种动态的平衡和稳定。教育是一种培养人的社会活动,家庭教育是父母与孩子之间双边双向的交往活动。孩子是有自己需要、动机和行为的活生生的人,既有受动性,更有主观能动性,在活动和交往中,能动地接受各种信息和影响,经过一系列内部的矛盾斗争,内化为道德认识、道德情感、道德意志及道德信念,并表现为道德行为。如果父母教育影响与孩子的需要相悖,会使其出现认识障碍或感情障碍等。正因为孩子始终在成长发展之中,与外界环境发生着交互作用,所以,父母必须根据动态性这一特点,了解孩子心理活动状态及其行为表现的变化,分析此时、此地、此事影响孩子的各种相关因素,设想教育方案,计划教育序列、步骤,把握教育分寸,审时度势,从尽可能多的教育方案中,选择最佳教育时机和最相宜的突破口,以取得最优化的效果。这样,家庭教育工作就"活"了。

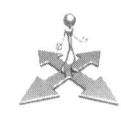

G—02 避雷针效应

> **黄金小贴士**
>
> 教育中最好的办法就是进行疏导。

凡是有点生活常识的人都知道，在高大建筑物的顶端总是安装着一个金属棒，它用金属线与埋在地下的一块金属板连接起来。当密布的云层由于充分接触而打雷时，人们就利用金属棒的尖端放电，使云层所带的电和地下的电逐渐中和，从而保护建筑物避免雷击。社会学家把这种现象称为"避雷针效应"。

儿童文学作家金波的母亲教育孩子，从来不讲什么大道理，也不训斥孩子，而是用生活中的小事教育孩子。

金波小时候很淘气，衣服刚穿上，转眼就弄得又脏又皱，母亲见了既不打他也不骂他，只是说了一句："看，这衣服像是刚从眼药瓶里掏出来的！"形容衣服皱皱巴巴，用了这么一句生动的话，让金波大笑了很久，因为在他为数不多的玩具里，就有一个小小的眼药瓶。从此，金波记住了这句话，同时，也记住了穿衣服要注意整洁、要爱惜。

母亲的很多话，都像箴言警句一般影响着金波的人生，如"家宽不如心宽""人不能太贪，不能蹬鼻子上脸"等。每当想起母亲，金波总有一

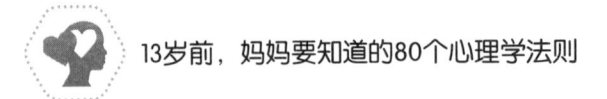

种春晖寸草的感激之情。

有一个孩子迷恋游戏机，有时玩得连饭都忘了吃。一次，他的爸爸在游戏室里找到了他，并等他将游戏打完后再回家。在回家的路上，孩子意犹未尽，兴致勃勃地向爸爸介绍他玩的游戏。他爸爸听完他的介绍，平静地说："我虽听不懂里面的意思，但发觉那光线非常刺眼"。一句话就使儿子顿时默然。父亲接着说："我并不绝对禁止你打电子游戏，星期天轻松轻松是可以的，但得有节制，不能因此而耽误了学习。你的学习负担本来就很重，学完后再来这里用脑用眼，对身体是好是坏你是清楚的。你为什么不去参加体育活动，调剂一下大脑呢？"儿子愣着不吭声。接着，这父子俩就来了个约法三章：第一，学习任务完成以后可以玩游戏；第二，时间为1小时；第三，玩完游戏后第一件事就是做眼保健操。儿子遵守这"约法三章"，又去游戏机室玩了两次，终觉心里不踏实，深感惭愧，于是，再也不去逛"老地方"，而是与小伙伴打乒乓球去了。这位父亲的高明之处就在于，他没有压制孩子爱玩的天性，而是给孩子天性的发挥指明了正确的方向和方式。

"避雷针效应"告诉我们，教育孩子，最好的办法就是进行疏导。

黄金启示

1. 发挥孩子的主动积极性，让孩子自觉进行思想斗争。小学阶段的孩子已初步具备自我教育的能力。只要父母能启发其思考，让其意识到问题之所在，孩子就可以自觉克服缺点。巴西球王贝利，十二三岁时学会了抽烟。他的父亲发现后，没有骂他，也没有打他，而只是提醒他："要是你抽烟喝酒，就踢不出好球了，到时候就没有足够的体力在90分钟内一直踢出理想水平，这事你自己决定吧！……为了我们家庭的名誉，你自己的名誉……"贝利经过激烈的思想斗争，决定为了自己的前程而戒烟。直到他成为世界著名球王之后，凡是烟酒广告，他都一律谢绝，由此可见其决心

之大。

2.坚持正面引导。面对孩子的缺点和错误，父母要给孩子提出希望和要求，给孩子必要的提示，告诉孩子正确的行为方式，而不要一味地消极防范。正面诱导不仅指出了孩子的缺点和错误，而且给孩子指明了改正的方法，因而是积极有效的。

3.坚持扬长补短，让孩子用优点克服缺点。孩子身上的优点越多，其缺点就越少，优点占了上风，缺点就会被挤压掉。因此，父母要善于助长其"善"以补救其"失"。如一个女孩很爱打乒乓球，但个性比较软弱，没有毅力。她的父亲就经常和她打乒乓球。开始时，父亲总是有意让着点，让她赢几场，然后输一场。每当女儿输球后眼泪汪汪时，父亲总说："反正没有人看见，就当没这回事儿。"后来，打球的时间长了，父亲的真球艺慢慢地显露出来，女儿越打越吃力，但毅力也越来越强。经过一段时间的艰难拼搏，女儿的球艺大长，个性也变得很刚强。这位父亲正是用女儿爱打球的优点，克服了其性格上的缺点。

G—03 登楼梯效应

黄金小贴士

当孩子接受了简单要求后,再向他提出较高要求,此时,孩子为了保持认识的统一和给他人留下前后一致的印象,心理上就倾向于接受较高的要求。

著名作家塞万提斯说:"毛驴能够负重,却不能超载。"

心理学家D.G.查尔迪尼曾做过这样一个心理学实验。他替慈善机构募捐时,先对前部分人附加了一句话:"哪怕一分钱也好"。而对后部分人则没说此话。最后发现,从前者募捐到的财物是后者的两倍多。这称为"登楼梯效应"。

查尔迪尼分析认为,对人们提出很简单的要求时,人们很难拒绝,否则怕被认为是不通人情的"小气鬼"。当孩子接受了简单要求后,再向他提出较高要求,此时,孩子为了保持认识的统一和给他人留下前后一致的印象,心理上就倾向于接受较高的要求。

有这样一个案例足以说明"登楼梯效应"有着不可忽视的作用。有位老师是这样进行作文教学的:第一次作文,他只要求学生把字写在方格里,书写较认真的,就可得90分以上;第二次作文,只要不一逗(号)到底、

一段到底，就可得90分以上；第三次作文，只要无错别字，就可得90分以上……如此循序渐进，消除了学生对作文的恐惧心理，并树立自信，产生兴趣，从而达到大幅度提高学生作文水平的效果。

登楼梯效应是一种颇为有效的心理引导技巧，父母如果运用得当，有助于达到预期的引导目的。尤其是提出的要求，要像登楼梯一样，目标看得见、够得着，孩子就会有很高的积极性。在父母的牵引下，一级一级地向更高楼梯迈进，达到理想的高度。

黄金启示

父母要从简单的孩子易做到的方面入手，不可一开始就提出过高的要求。俗话说，一口吃不出胖子。父母对孩子的期望和行为训练也是这样，应该给孩子确定呈梯级状态的行为规范和目标，由小到大、由易到难、由浅入深、由此及彼，步步登高。对孩子学习及生活、卫生方面的要求，父母要从简单的孩子易做到的方面入手，不可一开始就提出过高的要求。一些父母在理论上也懂得这个道理，但在实际操作时对孩子往往这个要求、那个规定，结果要求过多、偏高。急于求成，企图毕其功于一役的结果，造成预期目标变得可望而不可即。这样容易引发孩子的心理抗拒，使他们丧失努力的信心，最终，父母的要求和目标都将成为海市蜃楼。

G—04 马太效应

> **黄金小贴士**
>
> 正确地引导指导孩子，公正公平地对待孩子。

作为父母，在家庭教育中，要放平心态，公正地对待孩子的每一个行为，表现无论是优秀还是较差，都应该尊重孩子。

在《圣经》"马太福音"中有这么一则故事。

主人去天国，就好比一个人要往外国去，临时把家业分别交给三个才干不同的仆人：一个给五千银子，一个给二千，另一个给一千。那领五千的仆人，随即去做买卖，赚了五千；那领二千的仆人也照样赚了二千；那领一千的仆人，却去掘开地，把银子埋藏了。主人回来时，对前面两人给予奖励，对那个只会把银子埋藏的仆人则说："你这个又恶又懒的仆人，既然知道我是怎样的一个人，就应当把银子去放债生利，到时连本带利赚钱多好。现在我要收回你这一千，交给那有一万的仆人。因为，凡有的，还要加给他，叫他有余；没有的，连他所有的，也要夺过来。"锦上添花，好上加好，日常生活中这类现象很多。

美国科学家科勒，把"凡有的，还要加给他，叫他有余；没有的，连他所有的，也要夺过来"这类心理现象，称为"马太效应"。

马太效应在教育中，反应比较强烈。比如，成绩好的孩子就能上所好学校，接受好的教育，更容易考上大学，毕业求职就更容易；而成绩一般的就只能上一般的学校，考上大学的概率就低一点，毕业求职就会受到影响。再比如，孩子对待学有成效的学科，越学越有劲，下的功夫就多，对待成绩差的学科，越是不愿意下功夫，等等。

马太效应既有积极的一面，也有消极的一面。积极的一面就是按照能力赋予相应的职责，可以充分发挥个人的才干。其消极的一面是显而易见的。被赏识、受青睐孩子暗长自负自傲、孤芳自赏的不良情绪，从而脱离集体，有可能成为群体或集体中的"孤独儿"；那些不被赏识的孩子怨艾自卑，甚至自暴自弃，进而丧失自我发展的最佳心理环境，并造成父母与和孩子之间的情绪对立。父母重男轻女思想，会使男孩产生盲目的优越感，会使女孩自轻自贱，得不到良好的自我发展。

黄金启示

不要忽视对孩子情绪的引导。 父母应深刻认识"马太效应"，要不断地总结经验，尤其是对孩子的优点和长处，应当少一点溢于言表，多一点藏而不露。

G—05 潘多拉效应

黄金小贴士

父母在作出某项禁令以前，必须认真疏导，充分说理，晓以利害，这样才能防止可能出现的禁果逆反心理，降低潘多拉效应的强度，达到预期的教育目的。

古希腊神话中的宙斯，一次派女侍潘多拉传递魔盒。在给潘多拉魔盒时，宙斯叮嘱她万万不能打开盒子。然而，宙斯的告诫，反倒激起潘多拉不可遏制的好奇和探究欲望，于是，她不顾一切地打开魔盒，结果，所有罪恶都跑到人间。真是适得其反的禁令。

人们往往有一种倾向，越是禁止的东西，如果没有说明可以为人们接受的充足的禁止原因，那么，禁止本身就会引起假设、推测，反而常常诱使人们产生好奇并引起探究反射，形成与禁止相悖的意向，这就是禁果逆反。心理学上移用潘多拉打开魔盒的神话，称为"潘多拉效应"，也称"禁果效应"。

诱发禁果分外甜的潘多拉效应，原因是多元的，其中主要诱因是处事过程中简单而又无充分理由的禁止。每个人都有求知欲，都有了解未知事物的愿望。倘若这一事物并不犯禁的话，也许并不会引起人们的注意。但

是，它一旦被禁止，禁止本身往往是一种提示，不仅会引起注意，而且还会使注意固定在"禁果"上。如果只是简单且无理由说明而加以禁止，那么人们对禁止的正确性便会怀疑，引起各种假设、推测……进而产生犯禁的意向。

好奇、探究是人们普遍的心理倾向，尤其是青少年。简单而又无充分说明的禁止，容易诱发人们的好奇心而产生与禁止相悖的意向。

潘多拉效应与其他类型的逆反心理，诸如，信度逆反、平衡逆反、自主逆反等不同，它主要源于人们的好奇机制。人们绝不会因为大众媒介公布了某些劣质产品而去争相抢购，这里没有好奇可言，一般人也不会去探究其原因。

在现实生活中，潘多拉效应屡见不鲜。《寡妇村》是中国第一部标上"儿童不宜"的电影。影片上映后，卖座率空前。片名是那么诱人，又是"儿童不宜"，人们推测片中一定有不少当时难以见到的"不宜"镜头。于是，包括青少年在内的人们千方百计地买票去看这部影片，看罢大失所望，有的连呼上当。片商运用潘多拉效应取得了意想不到的商业宣传效果。

心理学研究表明，孩子尝试"禁果"的主要心理动因是，事物的吸引力和对事物的好奇心，而且事物神秘性越强，尝试的欲望越强烈。它是人类产生兴趣，引发探究行为最强烈的动机之一。婴儿出生不久，就有探索行为，对新奇的事物比较敏感。最早进行好奇心实验的心理学家哈洛通过实验证明：灵长类动物具有探索一切事物的倾向。人类对自然界、社会和思维规律的探索，是人类成长发展的需要，同时，也是好奇心的作用。好奇引发求知、求新，激起探究、创造在求知、求新的过程中，难免会误尝"禁果"。经验就是尝试后总结出来的。如果压制儿童的好奇心，无疑会阻碍儿童的心理发展。从这种意义上讲，禁果效应是普遍的一种心理效应。同样，在家庭教育中，这种禁果效应，也是屡见不鲜的。如果父母不能正确对待、妥善处理，往往会使"禁果"变成"苦果"，甚至成为"恶

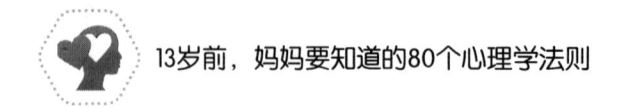

果"，贻误孩子，累及家庭。

潘多拉效应无所谓好坏，关键在于如何引导这一心理机制。

在科学史上，曾有多起利用禁果效应取得科技成功的趣事。在不朽名著《科学研究的艺术》中专门写了"好奇心激发思考"一节，叙述这样一个故事。

一天，亨特在伦敦郊外的公园里看见一只鹿的鹿角仍在生长。亨特好奇地想知道如果切断头部一侧的血液供给将会发生什么情况。他做了这样一个实验，系住鹿颈部一侧的外颈动脉。顿时，相应的鹿角冷了下来，不再生长，似乎发生了禁果效应。但是过了一会儿，鹿角又继续生长。亨特查明，系带并未松，而是邻近的血管扩张了，输送了充足的血液。

强烈的好奇心似乎是亨特智慧的推动力，使他成功地使用结扎方法治疗动脉瘤，确立了外科上称为亨特氏法的新手术。

还有一例更为有趣。著名法国农学家巴蒙蒂埃，在德国当战俘时，吃过马铃薯，获释回国时将马铃薯带到法国来。但是法国牧师称马铃薯是"魔鬼的苹果"，医生则说它有害身体，农学家认为它会破坏土壤，迫使他无法推广栽种马铃薯。于是，他在1787年，请国王批准他在一块贫瘠的土地上种植马铃薯，要求国王派遣全副武装的士兵，白天守卫，晚上撤兵，人为地制造了一个"禁果"。于是，被严格警卫的马铃薯引起了人们强烈好奇，纷纷在晚上把马铃薯挖去，种植在自家的菜园里，这样一来，巴蒙蒂埃推广种植马铃薯的计划成功了。

父母根据孩子普遍具有强烈好奇心和旺盛求知欲的心理特点，善于利用"禁果"，实施家庭教育的例子可以说是不胜枚举。名列"唐宋八大家"之一的苏洵教子便是一例。

据说，苏洵的两个儿子苏轼和苏辙小时候十分顽皮，不肯读书，他多次进行晓之以理、喻之以义的说服教育，效果甚微。于是，他观察、分析两个儿子的特点，决定从儿子的好奇心和求知欲入手，采取特殊方法加以诱导。每当孩子玩耍嬉戏时，他就躲在旮旯里读书，孩子一来，就故意

把书"藏"了起来。两个儿子发现了这种反常"禁果"现象,产生强烈好奇心,引起追根究底的欲念。他俩以为父亲瞒着他们阅读什么好书,就趁父亲不在家时,把父亲"藏"起来的书"偷"出来看,慢慢地把读书作为一种乐趣,进而喜欢读书,发奋学习。苏轼、苏辙在父亲的引导下,终于成为著名文学家。父子三人在文学上成就卓著,誉称"三苏",都被列入"唐宋八大家"。

父母要针对孩子的心理特点积极疏导。好奇、探究是青少年的重要心理特点。父母对一些有害或不良书刊以及不相宜的活动,未作充分说理就简单下达禁令,那么这样会增加被禁止的书刊、活动的神秘色彩,孩子,尤其是非顺从型人格的孩子,往往因此而争相设法搞到禁书,掀起阅读禁书热的暗流,偷偷参加被禁止的活动,违背了父母的初衷。所以,父母在作出某项禁令以前,必须认真疏导,充分说理,晓以利害,这样,才能防止可能出现的禁果逆反心理,降低潘多拉效应的强度,达到预期的教育目的。

黄金启示

1.父母要了解、掌握孩子身心发展的规律和孩子的个性特点。使家庭教育走在孩子身心发展的前面。如进入青春期的孩子,都有探索性知识的需求,这是正常的心理表现。然而,由于传统的"性神秘""性禁忌"的影响,使孩子对追求性知识产生"羞耻"和胆怯心理。如果父母对孩子的这种心理需求,及时地科学地进行教育指导,孩子就不会私下秘密"自我探索";如果父母害怕"唤醒性意识",担心"会使孩子分心,影响学习",把有关性知识方面的书籍收藏起来,或者管、卡、禁、堵塞这方面的信息渠道,反而会使孩子在强烈好奇心的驱动下,转入"地下"活动,或盲目地不加选择地"兼收并蓄",很有可能接受不健康"性知识"而受到毒害,一旦沾染"黄色"病毒,极容易中"邪"患"病"。因此,父母

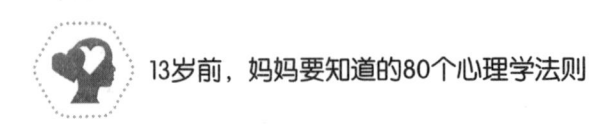

要正确对待孩子探求性知识的需要，配合学校教师进行青春期教育，促进孩子性心理健康发展。

2.增强孩子的抗诱惑能力。一些不法商贩或书亭在推销书报杂志、视听读物时，往往在封面装帧、内容简介中故弄玄虚，增加神秘色彩，以诱使青少年购租。父母应向孩子及时揭露诱惑的心理技巧，以大量事例晓以危害，增强孩子的抗诱惑能力，避免上当受骗，误入圈套，走向深渊。父母还可运用潘多拉效应产生积极的教育效果，适当运用激将法。从孩子的人格特征来看，顺从型人格的孩子诱发潘多拉效应的可能性较小，而非顺从型人格的孩子容易诱发。所以，如果自己的孩子人格特征属于非顺从型的，那么，父母在下禁令时更要有的放矢地做好孩子的教育工作。

G—06 异性效应

> **黄金小贴士**
>
> 异性间的相互交往及由相互吸引而产生愉悦的情绪体验是一种良好的、积极的情绪体验,它不仅对身体健康有很大的影响,而且对整个心理活动都有大量的生理效应,可激发人的潜能,使人敏捷活跃而奋发向上。

"异性效应"是一种普遍存在的心理现象。这种效应在青少年中表现尤为突出。异性因为相互接触,获得心理的满足,因而会获得不同程度的愉悦感,并激发起内在积极性和创造力。

有位正在读中学的女生在进行心理咨询时焦急地说:"我在初一时,看到男生就厌烦,到了初二忽然变得想和男生说话了,有时看到男生过来,就不自觉地迎上去,喜笑颜开地打招呼。在学习活动中有男生在场才觉得有劲,和男生一起做事,总想显示自己,以引起男生的注意。"

处于青春期的少男少女对异性好奇、有好感、想接近异性是正常现象,是性意识发展到一定阶段的必然表现。进入青春期的青少年,性生理上的急剧变化引起了心理上的一系列微妙而复杂的反应。异性间的相互交往及由相互吸引而产生愉悦的情绪体验是一种良好的、积极的情绪体验,它不仅对身体健康有很大的影响,而且对整个心理活动都有大量的生理效应，可激发人的潜能，使人敏捷活跃而奋发向上。

由于"异性效应"，青春期的男女学生都希望引起异性的关注，都希望能以自己某些特点或特长受到异性的青睐。如某班外出野餐，第一次男女分席，男孩子你争我抢，狼吞虎咽，一桌菜吃个精光；女孩子在嬉笑打闹中，一桌菜也很快地报销了，杯盘狼藉。第二次男女合席，情景大为改观，男孩子你谦我让，大有君子之风度；女孩子温文尔雅，大有淑女之风范。

由于"异性效应"，男孩往往为此激励自己，成绩优异，谈吐文明礼貌，举止潇洒自如，服饰整洁大方，富于勇敢探索精神，具有豁达的胸怀和男子汉的气质；女孩子也不知不觉地对自己提出了要求，学习刻苦努力，举止优美大方，待人温文尔雅，言谈风趣，富有修养。这种相互激励成为男女同学学习的动力和"促进剂"。

黄金启示

父母对孩子与异性同学的交往应保持一份平常心。以一种朋友的身份教孩子珍视异性同学间的友谊，珍惜青春年华，珍惜生活。

1. 父母应鼓励孩子扩大友谊范围。 对孩子参加学校组织的各种群体活动，如郊游、参观、文体比赛、义务劳动等集体活动，要积极支持，拓宽友谊范围。如果异性同学偶尔来家玩，父母也应该热情接待，珍视孩子之间的友谊。现在的独生子女，由于从小身边没有兄弟姐妹，没有互助、竞争的机会，故孩子一般都缺乏自理能力，缺乏处理人际关系的能力和与人协作的精神。这种缺乏将直接影响孩子日后的生活、工作。所以，父母应教孩子提高社交能力，有选择性地结交朋友，要结交志趣相投、心灵高尚、勤学上进、珍视友谊的同性和异性朋友，防止污染上各种坏习气。

2. 引导孩子珍视男女同学间的友谊。 如果发现孩子与异性同学经常一对一的活动，这时父母应以尊重、理解孩子的态度，耐心地和孩子谈谈心，问一问对方的情况，孩子有时不愿说，但父母可从孩子谈话的表情、言行

中看出"真情",如果发现孩子有"早恋"倾向,父母也不能粗暴对待,要鼓励孩子做一个意志坚强、目光远大的人,向孩子说明早恋的危害。

3.正确对待孩子的早恋。处在青春期的孩子,在同性、同年龄人中形成亲密朋友关系的同时,由于性的萌动而产生对异性的关注和恋爱的感情,而且,这种关注会不断增强,以致对特定的异性萌发出爱慕之情是很自然的。所以,父母们要了解孩子此时特有的"心情",对孩子与异性的交往,不能粗暴地定性为"早恋",严厉地加以制止,或像"特务"一样对孩子进行跟踪、监视或者对孩子交往的对象彻底地加以否定。父母这样做的效果往往是事倍功半,有时甚至适得其反。现实生活中发生的许多事情都证明了这一点。例如,有个女孩经常帮助一男孩补习功课,父母断定孩子"早恋",粗暴地加以制止,结果这两个根本没有"谈"的孩子都受到了双方父母巨大的压力,索性离家出走,真正谈上了"恋爱"。还有的父母发现孩子恋爱了,立即训斥并严厉的惩罚,孩子气不过,双方投湖自杀……这种例子举不胜举。

所以,父母应该信赖孩子,以朋友的身份,平等的地位与孩子谈心,帮助孩子处理情感波动的问题,是可以培育孩子自觉地去约束自己的行动和生活的。

G—07 章鱼心态

黄金小贴士

如果我们也像章鱼那样没有学会放弃,那么失败的厄运将不可避免,甚至会像章鱼一样,把自己强有力的吸附优势或特长,变成走向死亡的致命缺陷。

放弃是为了更多地拥有。什么也不愿放弃的人,常会失去更珍贵的东西。今天的放弃,是为了明天的得到。你不可能什么都得到,所以,生活中应该学会放弃。放弃是一种智慧。

懂得放弃才有快乐,背着包袱走路总是很辛苦的。在生活中,时刻都在取与舍中选择,我们又总是渴望着取,渴望着占有,常常忽略了舍,忽略了占有的反面——放弃。

一只章鱼的体重可达到32千克,相当于一个小学女学生的重量。但是,章鱼的身体却是非常柔软的,它柔软到几乎可以将自己塞进任何它想去的地方。因为它们没有脊椎,甚至可以穿过一个银币大小的洞。它们最想做的事就是将自己的身体塞进海螺壳里躲起来,等到鱼虾走近,就咬破它们的头部,同时,注入毒液,使其麻痹而死,然后美餐一顿。我们时常看到有关大章鱼将整艘船掀翻的事。

章鱼是海洋里最可怕的生物之一，身体柔软是它的一个特点，却也是它的弱点。渔民们把小瓶子用绳子串在一起沉入海底，章鱼见到了小瓶子都争先恐后地往里钻，不论瓶子有多么小，多么窄。结果是在海洋里无往不胜的章鱼，成了瓶子里的囚徒，成了人们桌上的美餐。

是什么囚禁了章鱼呢？是瓶子吗？不，是章鱼本身。它们向着最狭窄的路越走越远，不管那是一条多么黑暗的路，即使那条路是死胡同，它们还是固执地往里钻，而且不会吸取教训。

如果我们的思想也像章鱼一样，钻牛角尖，那么固执的结果只有像章鱼那样——死路一条；如果我们也像章鱼那样没有学会放弃，那么失败的厄运将不可避免，甚至会像章鱼一样，把自己强有力的吸附优势或特长，变成走向死亡的致命缺陷。

黄金启示

1.教育孩子学会放弃。 放弃可以轻装前进，可以摆脱烦恼和纠缠，让整个身心沉浸在轻松悠闲的宁静中去。学会放弃还可以改善自己的形象，显得豁达豪爽。放弃会使你赢得众人的信赖；放弃会使你变得更精明，更能干，更有力量。从一时来看，放弃也许是失去，但从长远来看，或许就能够成就下一次的拥有。

2.学会绕道而行。 人生中总会遇到走不通的路，这个时候应该换个角度思考问题，绝对不能"一条路上跑到底"，凡事不要"一根筋"，必要的时候可以"绕道而行"。

3.不钻牛角尖。 有的孩子非常固执，常常钻牛角尖。要教育孩子开阔思路，从多个角度找出解决问题的办法。

G—08 德西效应

> **黄金小贴士**
>
> 奖励既是科学,也是艺术。

可以说,用什么样的教育手段能有效地激发孩子的学习热忱,是最受父母欢迎的话题。

我们曾先后对不下60个小学生问过差不多同样的问题:"妈妈最关心你什么呀?""学习呗!"孩子往往不假思索地答道。如果再问:"那她怎么促进你的学习呢?"那么我们得到的答案可就多了:"我妈不许我看电视。""我妈说,考100分带我上动物园。""我妈说,你再不好好学,考不上大学,以后下岗……"

我们做父母的,似乎从没像今天这样急切地关心过自己孩子的学习。而实际上,一个孩子能学习、会学习且学得好,是很多教育因素综合作用的结果。这其中父母能做什么呢?换句话说,我们有没有更加有效地调动孩子学习积极性的方法呢?

把责备的语言变成表扬的语言!表扬的方法在教育实践中是非常好用的。

设想,一个母亲每天唠唠叨叨地批评、指责孩子10次,而另一个母亲

却每天高高兴兴地表扬、鼓励孩子10次，10年之后会怎么样呢？前一个孩子很可能变得逆反、悲观、胆小、缺乏自信、心态不健康，而另一个孩子却是昂扬向上、乐观豁达、信心十足、心理健康的。真是差之毫厘，失之千里。

对孩子一定要多鼓励，不要训斥。父亲"啪"的一声把孩子的作业本摔在桌子上，训斥道："瞧你这字写成什么了，歪歪扭扭跟蚂蚁爬似的，重写！"孩子此时肯定是心惊肉跳，十分逆反。妈妈走过来笑笑，拿起本子对孩子说："我看看。儿子，你这几个字写得还不错嘛，横平竖直，架构也挺匀称。再下一行怎么全向东倒了？下一行又全向西歪了。这几个字困了，躺下睡觉了。来，把没写好的改改，你能写好的！"孩子从妈妈那儿得到了鼓励，又得到了具体指导，自然心服口服。

要宽松，不要高压：孩子的一生，要过好多坎儿。考小学、考初中、考高中、考大学、考研究生……有的父母说是为了孩子好，一天到晚地给他(她)压指标，诸如"一定要考双百""一定要排到前三名""一定要考上清华"等。在种种高压下，孩子诚惶诚恐，自然会觉得学习吃力。

柯南其他学科的成绩都属上佳，唯独语文较差，父母为他着急，因为这将严重影响将来的高考成绩。这可怎么办呢？语文的重要性不知讲了多少遍，没有什么大作用。父亲冥思苦想后，决定许以学好语文给予重奖——期终考超过班级平均分1分奖200元。这下孩子一定会重视并能考出好成绩了吧！然而，期终考的结果令父亲大失所望，离平均分还差5分，考得比过去还糟糕，这使父母百思不得其解。柯南倒讲得很坦率：我对语文本来就不感兴趣，你们重奖不但使我有心理压力，而且假如我考好了，似乎我学习都是冲着奖金来的，所以我不会比过去更卖力的。一语破的，奖励结果事与愿违，这是父母始料未及的。

心理学家德西在1971年做过专门实验：他让大学生充当被试者，在实验室里解有趣的智力难题。实验分三个阶段：第一阶段，所有被试者都无奖励；第二阶段，将被试者分为两组，实验组的被试者每完成一道题可得到一美元奖励，而控制组的被试者与第一阶段相同，无报酬；第三阶段为休息时间，被试者可以在原地自由活动，并把他们是否继续解题当作喜爱这项活动程度的指标。

结果发现一种明显的趋势：实验组(奖励组)被试者在第二阶段确实十分努力，而欲继续参加第三阶段解题的人数很少，表明兴趣与努力的程度在减弱；而控制组(无奖励组)被试者有更多的人愿花更多的休息时间继续解题，表明兴趣与努力的程度在增强。这个结果表明，进行一项愉快的活动(即内感报酬)，如果提供外部的物质奖励(外加报酬)，反而会降低这项活动对参与者的吸引力。

心理学研究证明：在某些情况下，当外加报酬和内感报酬兼得的时候，不但不会使工作的动机力量倍增，积极性更高，其效果反而会降低，变成两者之差，外加报酬反而会抵消内感报酬的作用。这种心理现象是心理学家德西在实验中发现的，故称为"德西效应"。

之所以会产生有趣的德西效应，其原因无非是：首先人们对某项活动价值观有差异，不是所有的人都为外加报酬而做，尤其是学习活动，很多情况下受兴趣和责任的驱动；其次，外加奖励太低，不足以满足个体需要；再次，直接刺激原有的强度不足。若能处理好以上几个因素的关系，一般会降低外加报酬对内感报酬的消极影响，外加报酬会在不影响内感报酬的情况下，发挥其应有的作用。

据说，20世纪初在美国有一位姑娘，毕业后当了一名教师。她长得很美，走到哪里，哪里的人就会为她眼睛一亮。她的学生，特别是男学生，更希望得到她的喜爱和重视。女教师十分喜欢班上一个名叫罗斯的小男孩，因为他学习成绩突出，而且很守纪律。老师便安排他在毕业典礼上致辞，并亲吻他，祝愿他走向成功之路。可是，这一吻却引起了一位低罗斯一级的小同学的妒忌，他觉得自己也应该让老师吻一下，他便对老师说："我也要得到你的一个吻？"老师很惊讶，问他为什么。小男孩说："我觉得自己不比罗斯差。"女教师听了，微微地笑着，摸摸他的头说："可

是，罗斯的成绩很好，而且很守纪律。"女教师接着说："如果你能和罗斯一样出色，我也会奖你一个吻。"小男孩说："那咱们一言为定。"小男孩为了得到老师的那个吻，发奋学习。他的成绩提高很快，而且全面发展。全校都知道这个小男孩很出色。他真的得到了那个美丽的女教师的一个吻。这个小男孩就是后来的美国总统亨利·杜鲁门。更富有传奇色彩的是，当年那个叫罗斯的小男孩长大后也进了白宫，成了杜鲁门的助手，负责总统的文字出版工作。这则故事很有代表意义，伟大的一吻，激励两个孩子成为杰出人才。其激发力远远胜过物质上的奖赏。最为重要的是，这位老师懂得奖励的技巧，了解孩子的心理，父母们可以借鉴。

德西效应告诉人们：奖励既是科学，也是艺术。父母要认真研究，正确运用。

黄金启示

1. 精神鼓励与物质鼓励相结合。 父母在鼓励孩子好好学习、参加劳动或社会实践时，要以精神奖励为主，切忌以物质奖励加以刺激，否则会诱发孩子对外加报酬的过分要求，进而攀比。若是这样，其负面效应不可小视。

诚然，这并不排斥必要的物质奖励。需要指出的是，有些父母把为孩子购买衣服、鞋子、学习用品等作为奖励内容，这种做法未必妥当。因为为孩子购衣添物，是父母应有的责任和义务。难道孩子不尽如人意，父母就可以不给孩子解决基本生活和学习用品了吗？这样做，反而会造成孩子反感、漠视父母的奖励。

值得一提的是，物质奖励一定要伴随着言语的指导。不要过分强调物质这一外在的动力，应注意孩子内在动机的培养。在进行物质奖励前后要具体说明为什么，让孩子明白奖励的原因。有些孩子本来可以干好，也应该干好的事情，父母不应用奖励来刺激，否则会适得其反。

物质奖励和精神奖励相结合，以精神奖励为主。当孩子表现得非常好，或长时间坚持好习惯时，可送给他一个喜欢的小礼物，让他惊喜一番。但这种物质奖励不能滥用，年龄越大的孩子越应采用以精神奖励为主的方法。

2.奖励孩子要适当。既然许诺了给予孩子奖励，那就务必"言必行，行必果"。建议奖品以书籍、文具、小纪念品为主，不仅价廉而且物美。

3.坚持"父母奖励孩子，孩子应当回报父母的爱"这个原则。父母充分利用奖励的手段，教育孩子做好父母的小帮手，使孩子在获得奖励之时，树立起"只有通过劳动才能获得奖励"的观念。

4.运用"目的奖励"。给予孩子的任何奖励都应当是有目的的、有条件的，奖励不是大锅饭。要把物质刺激同精神熏陶结合起来，同时，不能只讲奖，不讲罚；更不能只讲罚，不讲奖。要让奖与罚和谐地结合起来，真正成为教育的重要手段。

G—09 免疫效应

黄金小贴士

当一个人受到某种攻击，会大大刺激其对这种攻击做出抵抗反应，并不断地增强抵抗力。

这是一个"疯狗唾液救人命"的故事。

时钟敲了三下，巴斯德停下了脚步，抬头望着漆黑的窗外，想着那个注射狂犬疫苗的孩子。昨天，一名妇女带着被疯狗咬伤的孩子来找巴斯德。看着小孩危急的病情，听着小孩母亲苦苦的哀求，巴斯德的心颤抖了。多少年来，狂犬病夺去了成千上万人的生命。为了防止这种悲剧继续发生，法国著名生物学家巴斯德顽强不懈地努力着。他发现，提取疯狗的唾液，注入别的动物身上，再从动物身上取出疫苗，可以治愈狂犬病。这是多次动物实验的结论。

然而，还从来没有在人身上做过这种试验。在人身上注射狂犬疫苗，会不会出现什么意外。如果出现问题，那么小孩的命运、医学界反对试验者的反应……那种情景太可怕了。但是，试验是明白无误的，危险又算得了什么？他横下一条心，"不入虎穴，焉得虎子？"试验进行以后，他在焦虑中度过了一个不眠之夜。天亮了，巴斯德快步迈进病房，发现小孩睡得很安宁。这样的担心和不安，陪伴他整整31天，孩子恢复了健康，巴斯德的创举成功了。

狂犬病疫苗的接种可以有效地预防、治疗狂犬病，它与接种牛痘预防天花病是同一道理。社会心理学家威廉·麦克格里与迪米特里·帕普乔治斯运用这一医学原理于心理实验：他们让一组被试者发表自己的观点，然后这些观点受到别人的轻度攻击，而这组被试者把攻击驳倒了。以后，这组被试者又受到对其观点强有力的攻击，这组被试者所表现出改变自己态度的倾向，比另一先前观点未受到轻度攻击的控制组被试者要小得多。因为这组被试者的态度曾受过反面态度的"预防注射"，并能相对地免疫。

心理学在研究人们的态度变化与过去对某个问题体验的关系时证实：处于态度改变情境中的个体，若受到某种反向态度的轻微攻击或劝导性的进攻，就好像是在"接种疫苗"，大大刺激其对这种攻击做出抵抗反应，并不断地增强了抵抗力，以后再受到同一反向态度强大攻击时，不但不会改变其原有态度，反而使个体更加执着自己的态度，并"抵抗"任何不同意见。这就是"接种效应"，亦称"免疫效应"。

心理学上的接种效应是借用医学术语而来的。医学上，一个受病毒侵袭的人，面临病毒侵袭，如果他没有抵抗病毒的自然防御抗体的话，病毒对人的肌体产生极大危害，因此而被击倒。若是在病毒侵袭以前，给人体接种少量的病毒——一是它不危害健康，二是以刺激产生抗体为目的。当人体遭到大量病毒侵袭时，人体中产生的抗体就成为抵抗病毒的防御物，使之具有免疫功能，甚至能终身免疫。

为什么一个人在态度改变情境中会产生"接种效应"呢？

原因之一，每个人都有自尊心，当人体被"接种"后，激发其守卫自己信念和维护自尊的动机；原因之二，在通常情况下，人们对自己所坚持的态度、观点和信念从不怀疑。

当所坚持的态度、观点、信念受到怀疑时，产生两种情况：一是受到严重攻击，无法抵挡，于是土崩瓦解，改变态度和观点；二是受到轻微攻

击，促使其对自己的态度、观点和信念进行反思，思考其易受攻击性及存在的弱点，并做充分的准备以应对未来更强大的攻击。事实上，轻微攻击的"接种"，给人以预先训练和充分准备的时机，因此变得更为坚定和强硬。

了解心理学上的接种效应，若能巧妙运用，可以收到良好的教育效果。

黄金启示

1.**引导孩子深入思考、研究**。在家庭教育过程中，孩子知其然而不知其所以然的情况普遍存在。往往有这样的情况：孩子能够得出正确答案，但当被问到为什么会产生这种结果时，孩子的回答又难以自圆其说，事实上没有真正弄懂、弄通。有经验的父母常常会对孩子的回答采取"攻其一点"并加以质疑的方法。其实，父母就是在不自觉地运用接种效应，促使孩子深入思考、研究，达到真正弄懂、融会贯通的目的。

2.**防止家庭的精神和文化污染**。有诗云："水至清则无鱼"，社会不可能处处皆是净土。如果能正确运用接种效应，孩子的"肌体有了足够强的抗生素"，那么，何惧"病菌"侵袭，就会"出淤泥而不染"。运用接种效应时，关键是优选"疫苗"，不能注入大量的"病菌"，否则，孩子因没有自我防御能力而致病，产生消极的后果。一些父母不顾场合，不顾孩子的思辨和批判能力，发牢骚、说怪话、骂领导，议论他人的不是，往往给孩子以负面影响，孩子因缺乏思辨批判能力而导致思想行为的扭曲。所以，在运用接种效应时，也要防止家庭的精神和文化污染。

3.**讲究批评的艺术**。父母在批评孩子时，应态度明确，理由充分，使被批评的孩子心悦诚服，不要含糊其词，捕风捉影地轻易批评，否则，在孩子产生接种效应后更难批评教育。

G—10 延迟满足

> **黄金小贴士**
>
> 延迟满足,就是能够等待自己需要的东西的到来,而不是想到什么就要什么。

美国教育界曾设计了一个长达30年的实验,他们给一些4岁小孩子每人一颗非常好吃的软糖,同时,告诉他们:"如果马上吃这颗糖呢,就只能吃一颗;如果等20分钟再吃,则能吃两颗。"

在实验中,有些孩子急不可待,马上把糖吃掉了。另一些孩子却能等待对他们来说是无尽期的20分钟,为了使自己耐住性子,他们闭上眼睛不看糖,或头枕双臂、自言自语、唱歌,有的甚至睡着了,但他们终于吃到了两颗糖。

在美味的奶糖面前,任何孩子都将经受考验。这个实验用于分析孩子承受延迟满足的能力。所谓的"延迟满足",就是能够等待自己需要的东西的到来,而不是想到什么就要什么。

这个实验后来一直继续了下去,那些在他们几岁时就能等待吃两颗糖的孩子,到了青少年时期仍能等待机会,而不急于求成;而那些急不可待,只吃了一颗糖的孩子,在青少年时期更容易有固执、优柔寡断和压抑

等个性的表现。

当这些孩子上了中学以后，已经表现出某些明显的差异。对这些孩子的父母及教师的一次调查表明，那些在4岁时能以坚韧换得第二颗软糖的孩子常成为适应性较强、冒险精神较强、比较受人喜欢、比较自信、比较独立的少年，他们显然具有较强的竞争能力、较高的效率以及较强的自信心。他们能够更好地应付挫折和压力，不会自乱阵脚、惶恐不安，不会轻易崩溃。因为他们具有责任心和自信心，办事可靠，所以普遍容易赢得别人的信任。

而那些在早年经不起软糖诱惑的孩子其中约有1／3左右的人显然缺乏上述品质，心理问题也相对较多。他们则更可能成为孤僻、易受挫、固执的少年。社交时，他们羞怯退缩，固执己见又优柔寡断；一遇挫折就心烦意乱，把自己想得很差劲或一钱不值；遇到压力往往退缩不前或不知所措。他们往往屈从于压力并逃避挑战。

对这些孩子分两级进行学术能力倾向测试的结果表明，那些在软糖实验中坚持时间较长的孩子的平均得分高达210分。

在十几年以后再考察当年那些孩子现在的表现，研究人员发现，那些能够为获得更多的软糖而等待得更久的孩子要比那些缺乏耐心的孩子更容易获得成功，他们的学习成绩要相对好一些。在后来30年的跟踪观察中，他们发现有耐心的孩子在事业上的表现也较为出色。

这一调查的结果可以说是对节制价值的很好印证。它说明控制冲动、延缓满足是一个人取得成功的重要因素，它比智商更具预测性，而且后天可以练习。

这个实验的最终结果表明：面对"诱惑"，孩子当初做出的选择不仅反映出他的性格特征，而且在一定程度上预示了未来的人生道路。

延迟满足在以色列教育中，是比较重要的方法之一。以色列的父母，经常跟孩子沟通，听他们对延迟享受的理解。父母告诉孩子，你如果喜欢玩，就必须赚取自由的时间，但需要有好的成绩。此后，你才能找到好的工作，赚到钱。等赚到钱，你可以玩更长的时间。

延迟满足让孩子学会忍耐，让他知道这个世界不是为他一个人准备的，他所要的东西并不能唾手可得。同时，也训练了孩子的意志，磨炼对人生的期许。

黄金启示

1.不要一味地奖励孩子。 近来，我们一些当父母的给孩子的奖励规格越来越高，攀比之风愈演愈烈。本来，奖励是为了激发孩子上进的，可是许多家庭把奖励当成是一种酬劳或诱饵，或交换条件，使奖励失去了本来的意义。比如，孩子帮父母干点家务，这本来是应该的。但给孩子奖励后，就把物质刺激和劳动连在一起了。这不仅失去了劳动的意义，而且会使孩子觉得这本不是自己该做的事情，干了活儿就应该得到什么！这种奖励，对孩子的成长只会有百害而无一益。我们提倡的是，尽可能对孩子少一些物质刺激，多一些精神奖励。从心理学的角度分析，物质奖励只能满足孩子的物欲，而精神奖励却能满足孩子的荣誉感和自尊的需要，对培养孩子的自信、自强精神是十分必要的。

2.既要满足也要限制。 在你没有闲暇时间的时候，尽量不要带孩子去商场买东西。现代家庭，夫妻双方都要工作，做家务的时间一般都很紧张，下班后带孩子购物买菜，如果孩子不听话，就更会增添你的麻烦。哪里有那么多时间去和孩子争辩应该买这，不应该买那。如果你满足了孩子第一次要求，就将会有第二次、第三次……如果在星期天或时间充裕的时候，带孩子外出购物，就必须提前向孩子讲明规则。

3.培养孩子的耐心。 教育孩子要学会忍耐，不要固执地一味地提要求，凡事都有个"度"。好的耐性是培养出来的。

G—11 放飞效应

> **黄金小贴士**
>
> 凡孩子自己能够做的，应该让他自己做；凡是孩子自己能够想的，你应让他自己想；你要孩子怎样做，就应当让孩子在适当的环境内得到相当的学习；鼓励孩子去发现自己的世界，给孩子坚强的翅膀。

我曾向信鸽比赛屡屡获奖的鸽主，请教训鸽的诀窍。他告诉我：鸽子的品种固然重要，但是品种再优良的信鸽，如果关在笼子里，只能长成食用的肉鸽；在家前宅后飞来飞去的鸽子，只能算是不会丢失的家鸽。训练信鸽，一定要有一个由近到远的放飞训练计划，先在邻近地区放飞，然后再想方设法扩大放飞的范围。有一次，他的一位亲戚到海南岛出差，就托亲戚带上精心训练的信鸽到海南岛放飞。他感慨地说，放飞确实有风险，但是不经过放飞训练的信鸽，不可能成为获奖的信鸽。

他的一番经验之谈给了我很大的启示：科学运用"放飞效应"可以训练出优良的信鸽。这个道理也适用于家庭教育。要想培养出具有适应改革开放的未来社会的新人，同样应该采取"放飞"的教育措施，给孩子坚强的"翅膀"，对于独生子女的教育有着特殊的意义。

一般说来，独生子女没有兄弟姐妹，从小缺少小伙伴，加上普遍存在

"421综合征"(孩子受到四个祖辈和父母双亲的过度照顾和过度保护)，不少父母对孩子生活"包办代替"，宠爱有加。正如顺口溜所说的："牵着行走怕摔倒，扶着站立怕累了，抱在怀里怕压疼，捧在手里怕捏坏"。大量的有关独生子女研究都表明，独生子女最明显的问题是缺乏独立社会生活能力，具体表现为缺乏人际交往能力，缺乏参与社会活动的能力，缺乏在社会环境中应变的能力等。因此，运用"放飞效应"，强化独生子女社会化教育，矫治他(她)们的"社交退缩症"，培养独立适应社会的能力，是改善独生子女家庭教育的重要内容和方法。

我国著名教育学家陈鹤琴先生说过：凡孩子自己能够做的，应该让他自己做；凡是孩子自己能够想的，你应让他自己想；你要孩子怎样做，就应当让孩子在适当的环境内得到相当的学习；鼓励孩子去发现自己的世界；积极的鼓励，胜于消极的制裁；大自然大社会是我们的活教材……

黄金启示

要有计划地培养"放飞"的能力。 有位父母从孩子上幼儿园开始，就有目的、有计划地培养孩子自主、自理、自立能力。在培养孩子生活自理方面，从指导孩子整理书包，上学和放学自己背书包，整理自己"小天地"开始，有计划地培养孩子洗手帕、洗头、洗澡，学会择菜、烧煮简单食物、洗自己内衣等技能；在培养孩子自我保护能力方面，从记住自己家庭住址、父母姓名、工作单位、电话号码，会打公用电话开始，有计划地指导孩子知道行走交通规则，安全过马路，遇到意外情况会向成人求助，懂得卫生和健康有关知识，注意饮食卫生，学会常见病预防等知识技能；在培养孩子克服困难方面，从培养孩子不偷懒，遇到困难不哭开始，有计划地指导孩子遇到生活中困难时学着尝试解决，遇到学习上困难时尽量自己解决，遇到活动中困难时，学会动脑筋想办法解决。从而，使孩子具有较强的独立自主生活、学习和活动能力。

G—12　倒U形假说

> **黄金小贴士**
>
> 当孩子压力较小时适当增加压力,当孩子压力较大时设法缓解压力。

　　当一个人处于轻度兴奋时,能把工作做得最好。当一个人一点儿兴奋都没有时,也就没有做好工作的动力了;相应地,当一个人处于极度兴奋时,随之而来的压力可能会使他完不成本该完成的工作。世界网坛名将贝克尔之所以被称为常胜将军,其秘诀之一就是在比赛中自始至终防止过度兴奋,而保持半兴奋状态。所以有人亦将倒U形假说称为"贝克尔境界"。

　　倒U形假说讲明了这样一个道理:激情过热,激情就会把理智烧光;热情中的冷静让人清醒,冷静中的热情使人执着。

　　良性的压力会驱使人们对工作更努力,把事情做得更好。而负面压力或压力过重会有不良影响,引起生理和心理上的病症,同时,还有可能导致行为改变,如酗酒或服用镇静剂。在长期处于压力或过重压力之下,人们的身体最终会因无力招架而崩溃。他们可能会患上冠状动脉心脏病、高血压等生理疾病以及抑郁症和焦虑等心理疾病。

　　曾经在报纸上看过这样一则报道:有一个人称"三脑袋"的女孩子,学习成绩特别好,物理、数学、化学经常都能考满分。女孩有一个梦想,

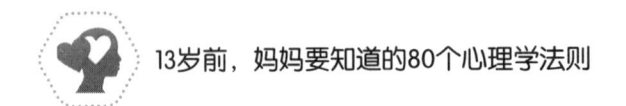

那就是做新一代的居里夫人。但是高考填志愿时，在父母和老师的逼迫和劝说下，女孩报了一所以文科见长的全国重点大学。

女孩违心地上了那所学校以后，情绪一直不稳定，第一学期学校进行了3次考试，她的成绩都名列中下。过去，她一直是当地的"状元"，这样的结果给她带来了巨大的精神压力，第一学期还没结束，她便跳楼自杀了。她的母亲到学校来"接"她，欲哭无泪，一声接一声地喊："是我害了我的女儿！是我害了我的孩子！我当初为什么要逼她？"

有些孩子即使没有走上这种极端道路，但一直在"重压"下长大的孩子，内心世界仍然被自卑感笼罩着，不能自拔。孩子的成长也符合倒U形假说。在孩子的学习过程中，如果孩子的负担过重，长期处于紧张状态，学习效果就会越来越差。父母必须重视这一效应，采取有效措施，既不要对孩子提出过多、过高的要求，也要设法帮助孩子按时完成任务，适当缓解孩子的紧张情绪，让孩子学得愉快。

要做到这一点，父母必须对孩子的能力和心理承受能力有一个恰当的估计，改变那种"压力越大，效率越高"的错误观念。最好的办法是找到一个最佳点，并以此为标准：当孩子压力较小时适当增加压力，当孩子压力较大时缓解压力。

黄金启示

1.给孩子"减负"。

现在，许多孩子小小年纪背着沉重的书包，整天埋首在书本和作业中，童年的快乐和天真少了许多。减负，已开始让学生逐步从书本多、课程多、作业多、考试多、补习多、竞赛多的过重负担中解放出来；减负，为全面实施素质教育创造条件，为学生身心健康提供了保障。但"减负"不仅需要社会的大环境，需要学校的小环境，更需要良好的家庭教育环境，父母也要转变观念，为孩子们"减负"，替孩子们"松绑"。许多事实证明，父母干预越多，给孩子

压得越多，对孩子造成的压力越大，反而难以成才。作为父母要注意培养孩子的学习兴趣，而不是逼其去学习。其实在孩子们成长过程中，关注学习兴趣的培养，比逼着孩子学习某一点具体知识更重要。缺乏兴趣、负担过重的学习，往往会在孩子们身上带来新的问题，甚至出现厌学和逆反心理。

2.卸掉孩子心中的压力。

我们做父母的一定要帮助孩子经常解除压力，让孩子活得轻轻松松，绝不能让过重的压力压垮了我们的孩子。

许多孩子对压力的反应是独自面对，把它藏起来。如果你的孩子以前话挺多，突然变得深沉起来，那他一定是遇到了问题，你应该设法帮助他，多与孩子谈话、交流、沟通，让孩子说出感到紧张不安、苦恼、产生压力的原因，这有利于孩子化解压力，也有利于你去帮助孩子化解压力。

有的人认为持续过强的压力对孩子是一种沉重的精神负担，容易引起孩子的心理障碍。许多时候父母只看重分数。如果孩子是个全优生，却不能告诉你他为获得这样的好成绩都做了些什么，那么这时父母要对他的学习过程进行全面的了解。当孩子需要帮助的时候，父母可以给他们一些启示，让他们自己找出答案。而且，与其直接告诉他们答案，不如问他："你认为在哪儿能找到答案呢？在字典上还是在因特网？"考试成绩差是该同孩子谈一谈的信号。是什么原因使他落后了？他需要辅导吗？还是因为他没有做作业才使成绩不好的？这些父母都要清楚地了解到。

越是学习成绩不好的孩子，就越应该给他压力。考试、排名次都是为了刺激孩子的上进心，学习压力将迫使他们树立远大抱负，向高目标努力。可实际情况怎样呢？根据调查和测试表明，学习成绩的好坏与压力的大小在一定范围内呈负相关。有些时候给孩子太多的压力会事与愿违。

一位教育研究者也说过，"80%的学习困难与压力有关。解除那个压力，你就能解决那些困难。"做父母的不要给孩子制定不切实际的奋斗目标，不要给孩子的行为太多的约束。如果不顾孩子自身实际，只知道让孩子这个拿第一、那个要优秀，就会给孩子增加巨大的压力。还有的父母只让孩子学习，这也不让干，那也不让干，这也会让孩子感到压力。

要让孩子有足够的休息和娱乐时间。如果孩子不能得到足够的睡眠，休息不好，就会感到身心疲劳，无法集中精力学习，就会让孩子感到紧张，带来压力。娱乐是化解孩子压力的较好途径，与孩子一起做游戏，使孩子沉浸在快乐之中，压力就会被抛到九霄云外了。如果在事前有思想准备，当压力到来时，就会得到缓冲。承受压力的思想准备越强，承受压力的能力就越强，相对来说，压力本身就等于减小了。

与孩子聊天。父母与孩子之间的沟通少，会造成父母不了解孩子、孩子不了解父母的尴尬局面。因此，父母一定要学会聊天，经常找机会就孩子感兴趣的话题谈谈。聊天不但可以聊出和谐气氛，也能聊出孩子的思想、心态和欲望，便于父母有针对性地开展教育。

给孩子自由。父母要想让孩子"听话"，就须首先给予孩子一定的自由，尤其是孩子自己的事情，必须由孩子参与决策，决不可包办代替。

给孩子当好参谋。孩子毕竟阅历浅、经验少、易迷失方向。因此，父母要做好孩子人生道路上的参谋，在适当的时候给予适当的忠告。特别是，当孩子考试失利和人际关系紧张时，父母要给予安慰鼓励，帮助孩子找到正确的人生坐标。

大度地对待孩子的"冒犯"。父母需要有一颗宽容的心，应允许孩子犯错误，允许他们失败，甚至要大度地对待孩子的"冒犯"。一般说来，孩子在气头上时，认识是很难转变的，父母如果针尖对麦芒，或以父母的权威压服孩子，只会增加家庭紧张气氛，不但起不到教育作用，甚至欲益反损；而父母的谅解宽容，则容易使孩子冷静下来，并在一种宽松和谐的气氛中最终接受父母的规劝。

一种鼓励孩子为他的未来着想的方法是设立家庭目标。父母写一份自己家本年度应取得哪些成就的任务书，其中包括孩子应取得怎样的进步。老师也有自己的任务，不要让任何学生落后，尽力帮助成绩差的学生取得好成绩，帮优秀生更上一层楼。对孩子持有较高期望并让他们知道这一点，能鼓励他们对自己充满信心并不断进取。

G—13 霍桑效应

黄金小贴士

人在一生中会产生数不清的意愿和情绪,但最终能实现、能满足的却为数不多。对那些未能实现的意愿和未能满足的情绪,切莫压抑克制下去,而要千方百计地让它宣泄出来,这对人的身心和工作都有利。

随着现代生活节奏的加快,家长的工作越来越忙,有些孩子一天到晚都难见父母一面,即使见了面也难有时间交流。所以,父母子女之间感情不容易沟通。特别是现在独生子女,他们生活在"独"的环境中,逐渐形成以自我为中心的孤僻性格。如果父母此时忽略了他们的感情需要,就会使孩子出现心理障碍,造成性格缺陷。还有的家长,下班以后不是打扑克、玩麻将,就是跳舞、侃大山,完全忘记了做父母的责任和孩子的感情需要。

在美国芝加哥市郊外的霍桑工厂是一个制造电话交换机的工厂,具有较完善的娱乐设施、医疗制度和养老金制度等,但工人们仍愤愤不平,生产状况也很不理想。

为探求原因,1924年11月,美国国家研究委员会组织了一个由心理学家等多方面专家参加的研究小组,在该工厂开展一系列试验研究。这一系列试验研究的中心课题是生产效率与工作物质条件之间的相互关系。这一系列试验研究中有个"谈话试验",即用两年多的时间,专家们找工人个别谈话两万余人次,规定在谈话过程中,要耐心倾听工人对厂方的各种意见和不满,并做详细记录;对工人的不满意见不准反驳和训斥。

这一"谈话试验"收到了意想不到的效果:霍桑工厂的产量大幅度提高。这是由于工人长期以来对工厂的各种管理制度和方法有诸多不满,无处发泄,"谈话试验"使他们这些不满都发泄出来,从而感到心情舒畅,干劲倍增。社会心理学家将这种奇妙的现象称为"霍桑效应"。

"霍桑效应"给我们的启示是:人在一生中会产生数不清的意愿和情绪,但最终能实现能满足的却为数不多。对那些未能实现的意愿和未能满足的情绪,切莫压抑克制下去,而要千方百计地让它宣泄出来,这对人的身心和工作都有利。

据美国一项研究显示,父母与9个月至3岁的孩子多交谈,会使这些孩子在日后变得更聪明。该项目的研究人员指出,所有家庭中,父母在防止孩子发生危险及麻烦方面付出的努力是相似的,但在与孩子耐心地交谈、细致地回答孩子提问及相互沟通方面却相差很大。这就是为什么在不同家庭中成长的孩子上学以后,呈现出智商及学习成绩差别的重要原因之一。

父母能经常亲热地与孩子交谈,孩子有心里话才会对你说,你才能及时帮助孩子解决生活中的困惑,并在交谈过程中把对子女的殷切期望传达给孩子。

随着孩子逐渐长大及其理解力的增强,父母可以通过与孩子交谈,及时了解与掌握孩子的心理活动及他对周围发生事情的反应,从而引导孩子建立正确的是非观、价值观、责任感以及理想与追求。要记住,一定的时间,平等的气氛,耐心的态度都是与孩子交流的必要条件。

孩子是父母生命的延续,孩子的身上,寄寓着父母的希望。培养孩子,是父母生命中的大事,所以父母不宜只当"家长",而应做孩子的良师益友。既是老师,就要有时间给孩子讲课;既是朋友,就要有时间相处。以耳濡目染的方式对孩子施教,这对孩子的智力开发非常重要。

过分压抑会造成人们从心灵深处与外界日益隔绝，导致精神忧郁、孤独、苦闷和窒息；一旦控制不住，会导致其冲破心理堤坝，使人显现一种变态的行为，甚至导致精神失常。

目前，世界各国的管理者和医生都已经认识到了宣泄对人情绪的作用，并且采用了一些行之有效的方法来帮助人们进行宣泄。

在日本一些企业设立了"特种员工室"。此室里陈设有经理、车间主管、班组长的偶像及木棒数根，工人对某管理人员不满，可以棍打自己所憎恨的人的偶像，以泄愤懑。

在美国和法国，近几年来也诞生了各种"泄气中心"，专为在现实生活中受了冤屈而想发泄的人服务。有的医生则用发泄疗法治疗某类病人，即医生让许多病人坐在一起，让大家毫无顾忌地"吐苦水"，发怨气，把郁积心中的苦恼情绪一股脑儿"吐"出来。

在巴黎有上百个运动消气中心，主办人大都是运动心理专业的行家里手，他们针对失业等诸多问题所造成的人们心情郁积状态，认为：运动是解决这一问题的一个好方法。因此，每个运动中心均有专业教练指导，教人们如何大喊大叫、扭毛巾、打枕头、搥沙发等。也有的先进行心理治疗，找出"气因"，用语言开导后，再让"气者"做一种专门为其设计的运动量颇大的"消气操"。

"霍桑效应"提示我们：孩子在学习、生活中遇到不称心的事情时，不要对情绪采取一味压抑的办法，而是要适度与父母、朋友倾诉和发泄一番。

黄金启示

1.要舍得花时间与孩子交谈。父母不管与孩子谈什么，首先要舍得花时间，通过交谈我们不仅可以及时了解孩子的想法与表现，还可以促进孩子的智力发展。我的一位朋友有一个独生子，从他3岁开始，朋友就养成了经常抽时间和他交谈的习惯，谈以前听过的故事，谈白天看到的事情，甚至谈电视剧里的主人公。我曾经向这个孩子提出各种各样的问题，看他能否将接受的东西反映出来，结果他的语言表达能力不错，而且孩子特别喜欢"粘"爸爸。

2.要耐心当孩子的听众。孩子放学后，父母都应该问他有什么高兴的或不高兴的事，让他谈谈在学校的见闻，而无论孩子讲什么，你都要表现出认真倾听的样子，让他感觉到你很喜欢听他说话，以此激发孩子表达的欲望或宣泄自己的情绪。听和说总是联系在一起的，要掌握与孩子交谈的艺术，就要耐心地当好孩子的听众，在孩子漫无边际的讲述中，父母可以了解他的真实想法，并从他对某件事的辩解中，发现事情发生的真正原因，便于说服教育。

G—14 刺猬法则

> **黄金小贴士**
>
> 父母对孩子的爱是与生俱来的，所有父母都爱自己的孩子。事实上，爱是一回事，会不会爱又是另一回事，要给孩子一份理智的爱。

爱孩子，是父母的天性，但要让孩子健康地长大，父母还要学会理智地爱孩子，"藏"起一半爱，让孩子感受到差距与不足，让孩子能体验到父母的爱且不会放肆，这是最佳的教育手法。爱孩子，是为了让孩子在关爱中健康成长，是为了让孩子幸福。

为了研究刺猬在寒冷冬天的生活习性，生物学家做了这样一个实验：他们把十几只刺猬放到户外的空地上。这些刺猬被冻得浑身发抖，为了取暖，它们只好紧紧地靠在一起，而互相靠拢后，又因为忍受不了彼此身上的长刺，很快就又各自分开了。可天气实在太冷了，它们又靠在一起取暖。然而，靠在一起时的刺痛使它们不得不再度分开。挨得太近，身上会被刺痛；离得太远，又冻得难受。就这样反反复复地分了又聚、聚了又分，不断地在受冻与受刺之间挣扎。最后，刺猬们终于找到了一个适中的距离，既可以相互取暖，又不至于被彼此刺伤。

父母要通过爱孩子，教育孩子学会做人、做事和与人共处，把自己的

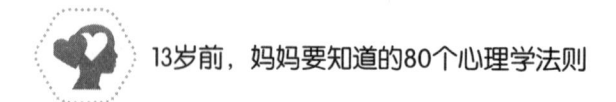

爱转化成更深沉的教育。

日本的大岛先生就是这样教育他的孩子的。

每逢节假日，大岛先生都会开着车、带着全家人外出游玩，和孩子们尽情享受大自然、享受亲情。但大岛先生每天上班总是自己一个人驾车独往，儿子正男要步行去学校。

有一次，正南身体不舒服，央求爸爸顺路送他去学校，但大岛先生斩钉截铁地说："不行，正男。你得自己走。"

正男只好背着沉沉的书包慢慢向学校走去。当他快走到学校的那个十字路口时，他发现爸爸正站在天桥下望着他。这时爸爸走过来，问道："孩子，好点了吗？不要怪爸爸，你现在是学生，是个独立的小伙子，不能坐爸爸的车来上学，将来你长大了，一定能买到更好的轿车，这得靠你自己努力！"

正男的眼睛湿润了，他知道爸爸是爱他的。他也会努力朝爸爸期望的目标去努力！

大岛先生的这种"藏起一半爱"的教育方式，是更为深沉、更为理性和更具有震撼力的爱。孩子怎么会不感动？怎么还好意思依赖父母？

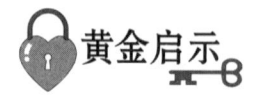

黄金启示

1.在孩子面前树立威信很重要。

苏联著名的教育艺术大师马卡连柯曾经说："威信本身的意义在于它不要求任何的论证，在于它是一种不可怀疑的长者的尊严、力量和价值。"家庭教育中，父母在孩子心目中拥有一定的威信是非常重要的。父母的威信是一种难以估量的潜在教育力量，是父母对孩子有效地进行教育和使孩子能自觉地接受教育的前提条件。如果父母在孩子面前毫无威望，则表示孩子很难接受父母的教育，那么，合理的教育就无法实施，更谈不上良好的教育效果了。也既是说，孩子对父母不能适当的尊敬、信任和听从。

父母的威信是父母与孩子之间的一种积极的、肯定的相互关系。这种关系的基础，是父母对孩子的尊重与孩子对父母的爱戴。它排斥训斥与听命、支配与服从的封建君主专制式的"威信"，也排斥父母为了抬高自己的地位，而人为地树立那种虚假的权威。

在家庭教育中，父母对孩子的关怀与帮助，对孩子人格的尊重与信赖，可引发孩子内心深处的真诚感激，从而使得孩子对父母提出的合理要求能积极、自觉地接受，并努力按照父母的要求去做。这样，日久天长，父母和孩子之间就会形成亲密的关系。父母在孩子的心目中，也就自然而然地具备了一种建立在威望基础上的巨大的教育力量，即威信的力量。

父母的威信如同家风一样，是无形的精神上的东西，是看不见、摸不着、难以量化的；但在家庭中，在父母与孩子的共同生活中，威信又是无处不有、无所不在的。父母对孩子所说的每一句话，所给予的每一条指令，甚至一个眼神、一个动作，威信无不隐约渗透其中。

从父母的角度看，威信是一种威望和信誉；从孩子的角度看，威信是一种尊重和信从。两者相互作用，相互影响，使尊重和热爱成为一座架设在父母与孩子之间的桥梁。

2.威信会变成无形的教育力量。

孩子能否自愿地毫不勉强地接受父母的教育，可以反映出父母的威信是一种无形的教育力量，是孩子自觉接受教育的重要条件。

在家庭教育中，不同的家庭类型往往有着不同的教育效果。如父母的文化素质、思想行为素质较高，在这样的家庭环境中成长起来的孩子往往综合素质较高，比同龄人有更丰富的知识结构，在周围同学中有很高的威信和很强的号召力。这其中，父母的影响起了潜移默化的作用。

父母在孩子心中的威信越高，他们的教育作用也就越大，也越受孩子的欢迎。因此，可以说父母的威信是对子女进行教育的基础。

如果父母没有威信，尽管态度认真，教育严肃，但孩子仍然当作耳边风；相反，如果父母有威信，不用讲多少道理，孩子也能令行禁止。由此

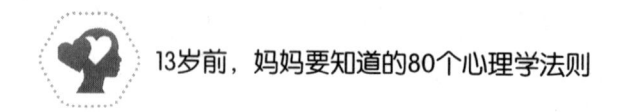

可见，要搞好家庭教育，必须努力建立和维护父母的威信。

那么，父母怎么才能在孩子心中有威信呢？

要有高尚的品格。父母的品格修养对孩子性格、品德的形成起着举足轻重的作用。这些高尚的品格一般体现在对祖国的热爱、对事业的忠诚与勤奋、对他人的热忱与宽容、对生活与困难的乐观向上的态度。如父母具备了这些品格，孩子会崇敬与爱戴他们。

要有广博的知识。孩子在成长过程中总是不断地提出问题，不断地进行探索。作为父母必须具丰富广博的知识来满足孩子们的求知欲与好奇心。这就要求父母自身有较高的文化素养与知识。如果父母的文化知识修养对孩子的学习品质的形成有极大的好处，同时，也就能在孩子心目中获得较高的威信。

父母严以律己、以身作则的模范行为。还有与孩子建立平等、民主关系，父母之间的和睦、友爱与意见一致等，也会直接影响父母的威信和对孩子教育的效果。

G—15　热炉法则

> **黄金小贴士**
>
> 罪与罚能相符,法与治可相期。"没有惩罚的教育是不完整的教育,没有惩罚的教育是一种虚弱的教育、脆弱的教育、不负责任的教育。"

没有惩罚的教育,是不完整的教育。

家庭教育中,父母们比较困惑的一个普遍问题就是,在教育中是否可以运用惩罚手段,运用的程度该如何把握。绝大多数教育专家都同意如下的结论:在独生子女教育中适当运用惩罚手段是必要的。因为,对于一些任性的孩子,光靠说服教育是很难奏效的,而如果对于他们的错误行为不闻不问,听之任之,无疑是对他们的放纵和怂恿,其结果是使其越来越任性而难以管束。所以,为了孩子的将来,当孩子犯错误时,运用一定的手段加以惩罚是完全必要的。

当人用手去碰烧热的火炉时,就会受到烫的惩罚,其有以下三个特点:即时性、预警性、平等性。

每个单位都有规章制度,单位中的任何人触犯规章制度都要受到惩处。"热炉"法则就形象地阐述了惩处原则。

(1) 热炉火红,不用手去摸也知道炉子是热的,是会灼伤人的——警

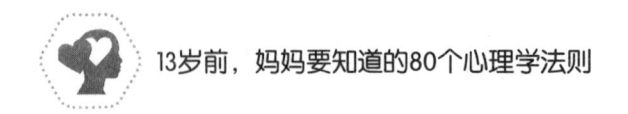

告性原则。领导者要经常对下属进行规章制度教育，以警告或劝诫不要触犯规章制度，否则会受到惩处。

（2）每当你碰到热炉，肯定会被火灼伤。也就是说只要触犯单位的规章制度，就一定会受到惩处。

（3）当你碰到热炉时，立即就被灼伤——即时性原则。惩处必须在错误行为发生后立即进行，绝不拖泥带水，绝不能有时间差，以便达到及时改正错误的目的。

（4）不管是谁碰到热炉，都会被灼伤——公平性原则。

每个单位都有自己的制度。这些制度明确规定可以做什么，不该做什么，就好像表明了在哪里都有"热炉"，一旦碰上它，就一定会受到惩罚。父母教育孩子，同样需要这个道理。

惩罚是当孩子出现不良行为后，为了使他改正而给予的一定刺激。惩罚的目的是让孩子知错必改。现在，由于独生子女占很大比例，父母的注意力和爱自然都倾注在这个孩子身上，有的家庭对孩子的要求百依百顺，特别在物质上不断满足。结果过分的宠爱和夸奖、无休止的满足，渐渐地使孩子养成了自私自利、任性乃至放荡不羁的性格。渐渐在孩子心中就会形成"没有什么是不可能的"的概念，表现在性格特征上就是任性、自私、目中无人；生活上表现出娇气、缺少合作精神和责任心、动手能力不强等特征。

儿童教育专家玛莉琳·古特曼通过研究发现，那些小时候经常受到父母表扬的孩子，在他们步入社会生活后很可能会遇到更多的失望。随着年龄的增长，孩子不再会很容易地接受父母那种表面上的夸奖。因此，父母应该根据不同的性格特点，抓住适当的教育时机，实施不同的教育方法，使孩子形成完整健康的人格。孩子犯了错误，在不伤害其自尊的前提下实施"惩罚"是必要的。

惩罚在教育中占有不可替代的作用，有专家认为，没有惩罚的教育不是完整的教育。惩罚作为一种教育手段，一个很大的好处是：有利于培养

孩子从小树立对自己的行为负责的观念。生活在社会中的每个正常人都必须对自己的行为负责，孩子也不例外。如果你做错了事或说错了话，就必须承担由于自己的错误所带来的各种后果。这几年，在"好孩子都是夸出来的"观点指导下，许多父母大包大揽，替孩子承担了太多本来应由孩子来承担的责任。孩子在学校犯了错，挨了批评，就闹情绪，不上课，让父母出面到学校解决，以至于这种事司空见惯了。

著名教育研究专家孙云晓曾指出："没有惩罚的教育是不完整的教育，没有惩罚的教育是一种虚弱的教育、脆弱的教育、不负责任的教育。"但惩罚只是手段而不是目的。

黄金启示

1.培养孩子的纪律观念。

纪律是一种约束，也是一种快乐。因为纪律可以保证人们生活的愉快，也给不守纪律的人以惩罚。纪律在我们的生活中到处都有，要想在世界上生活，不懂得守纪律是不行的。如果孩子不懂得遵守纪律，他的生活就不会愉快，可能处处碰壁，受到人们的批评，甚至还会闯祸。对孩子来说，学会守纪律和学会生活一样重要。家庭生活纪律是孩子首先要学习的。家庭生活纪律重要的是守时，常看到有些小孩子早晨不爱起床，父母急着上班，他却软磨硬泡，真没办法。解决这个问题就要从家庭纪律入手，给孩子订立作息时间，严格遵守，使其达到自觉的目的。孩子有了初步的时间观念，对纪律的认识就会加深一步。再有，就是要让孩子学会遵守社会公共纪律。孩子经常参加各种社会活动，要有意识地让孩子从中学习遵守社会公共纪律的常识。比如，乘坐公共汽车要守秩序，不要拥挤，不要抢座；在电影院等场合要严禁大声喧哗；在买东西时要排队；过马路要走人行横道，等等。所有这些都是社会生活纪律的要求，要使孩子在社会活动中懂得这些要求，自觉地按这些要求去做，并形成一种守纪律的观念。

2.惩罚孩子的原则。

惩罚是一种教育手段，父母在运用惩罚手段的时候应该注意到如下原则。

惩罚并不等于体罚。惩罚的手段是多种多样的，体罚只是其中最原始的、最无奈的一种，父母只有在万不得已的情况下，才能对孩子实施极其有限的体罚。我们知道体罚在一般情况下是收效最明显的惩罚手段，能够迅速地起到其他惩罚手段所起不到的立竿见影的效果，但是，鉴于体罚所造成的对孩子长远损害性的影响，所以我们主张父母尽量少用或不用体罚这种手段，而应该采取其他一些手段，来加大对于子女的教育力度。

惩罚的及时性。对于孩子实施惩罚，应该体现及时性原则，即发现孩子犯了错误之后，及时进行惩罚，指出其错误所在及应该承担的后果。如发现孩子将家中的玻璃器具打破之后，要及时指出其错误，并要求他立即将破碎的玻璃打扫干净，并送到垃圾站去，而不能等到时过境迁，再来惩罚他。

惩罚的针对性。在惩罚孩子时，父母经常犯的毛病就是经常在发现孩子犯错误之后，将他以前犯的错误都翻出来，前后联系，越想越气，结果往往没有掌握好惩罚的力度。惩罚过度，对孩子形成伤害。注意惩罚的针对性，就是尽量避免在自己情绪不好时惩罚孩子，因为在自己情绪不好时，往往会将在其他地方所受的气发泄到孩子身上，结果使孩子受到的惩罚远远超过他所犯错误应该得到的惩罚，可能会给孩子的心灵带来伤害。

家庭成员要保持一致。在对孩子实施惩罚时，一定要严格注意家庭成员必须保持一致，如果父亲因为孩子做错了事，不让他出来与小朋友一起玩，而母亲却怕孩子不高兴，又偷偷将孩子放了出去。这样，父母双方的不一致就会导致孩子对于惩罚不以为意，收不到惩罚的效果，还会产生极大的负面效应。

惩罚同奖励、批评一样，也是一种教育孩子的手段。不同的是，惩罚只能作为一种教育的辅助手段来用，而且一定要慎重、恰当，不可常用、滥用。惩罚一般指行为惩罚，可以采取直接惩罚，如撤销某种承诺，静坐

思过，写检查，重做没有做好的事，禁止孩子做自己感兴趣的事情，或不允许孩子参加什么活动等。也可以采取间接影响的方法，向孩子讲述与其所犯错误相似的事，然后告诉孩子，再继续下去将会受到惩罚。

运用"自然后果惩罚法"。心理学家认为，对孩子进行惩罚必须具备三个前提：一是使孩子感到他无论如何不会失去父母的爱；二是惩罚不是针对孩子的人格，而是针对他的过失；三是惩罚程度必须适当。在家庭惩罚孩子时，运用比较有成效的是"自然后果惩罚法"。这种惩罚方法的思路是：当孩子在行为上发生过失或者犯了错误时，父母不给孩子过多的批评，而是让孩子在感受后果的同时，感受到不愉快，甚至是痛苦的惩罚，从而使孩子引起悔恨，自己弥补过失，纠正错误。比如，孩子起床时动作慢了，上课要迟到了，就让他承担迟到的后果；课后忘记做作业了，就让他去接受老师的批评；上学忘记带书本或作业本，就让他自己回家拿。父母不要去帮助孩子弥补过失，要让他们自己养成好习惯，自己承担责任。实际上，"惩罚"教育也好，赏识教育也好，只是若干教育方法中的一种，不同的孩子有不同的特点，父母和教师要针对每个孩子的特点，有选择地运用这些教育方法。

3.尊重孩子的人格。父母在选择惩罚方法时，首先要在尊重孩子人格的基础之上，以惩罚唤起孩子的良知，启发孩子的自觉性。尤其需要注意的是，体罚是应当尽量避免的，更不要当众惩罚孩子，这样都有可能使得孩子产生逆反心理，与父母对着干，反而让我们做父母的下不了台。

4.别跟孩子"算总账"。孩子犯了过错，就要及时纠正，而辅以必要的惩罚手段，会使孩子把过错和愧疚联系起来，加深对过错的记忆和认识。如果平时放任不管，时间久了，孩子必然会把所犯的错误淡忘了。如果犯了大错之后，老账新账一起算，会使孩子觉得冤枉，大大削弱惩罚的教育效果。

5.不要用劳动惩罚孩子。有的父母把让孩子执行某项劳动任务作为对孩子的惩罚，比如，孩子忘记写数学作业了，受到老师的批评，回家后母亲知道了,就对孩子说:"今天罚你刷碗!"这样做,会使孩子对劳动产生反感,也违背了让孩子热爱劳动这个教育的基本原则。因为我们的教育内容之一是让孩子热爱劳动,在劳动中感到快乐,而以劳动惩罚孩子恰恰起到相反的效果。